JN439934

미래 세계로 전진을 향한 기다림 기다림 속에는 꿈과 희망과 미래의 세계가 있다. 기다림의 세계에는 녹색성장에 기반이되는 기능성의 사람들이 우리를 기다리고 있다. 기대(期待)희망을 가지고 기약한 것을 기다림 기대(企待) 어떠한 일이 이루어지기를 바라보고 기다림 우리는 오늘에 부족함 속에서 살아가고 있으며 내일에 있어 꿈과 희망에 얻을꺼라는 기대(期待) 속에 이발사 동녘 하늘을 바라보며 해오름을 기다린다. 기다림의 에너지 기차(氣茶) 한 잔에 의미가 내 운명의 맛 이라면 나는 기다림을 겸허히 맞이하리라 고도의 점프는 기다림의 고뇌에서 비방을 찾나니 나는...

기다림 라이프

조명상 지음

氣茶碄

기다림(氣茶硎)

상표등록 제45-0024023호

머리말

녹색의 숲 공간은 자원이다.

푸른 숲을 자원론의 자금(資金)으로 바라보자. 그리고 자연 공간 속에 있는 자원의 자금을 내 안으로 맞이하자!

미래를 바라볼 때 우리가 살고 있는 생활공간은 녹색 자원을 에너지화하여 생활에 접목하는 삶의 패러다임으로 자리매김을 할 것이다.

지구 온난화로 말미암아 자원과 환경이 위기에 처한 국제사회에서 저마다 녹색 경쟁을 벌이고 있는 가운데, 우리나라가 일류 선진국으로 진입하려면 이러한 위기를 극복하고 녹색 경쟁에서 생존해야만 한다.

녹색 성장은 선택이 아닌 필수이며 꼭 가야 하는 길이기도 하다. 저 탄소 녹색 성장을 향후 60년 새 국가 비전으로 제시한 바도 있다. 현재 세계적으로 저 탄소라는 단어와 함께 지구 환경 개선에 관심사가 높다.

미래는 녹색 성장(Green Growth)이라는 생활환경의 길이 새롭게 열릴 것이다. 미래의 꿈과 희망찬 새 길을 맞이하기 위해서는 눈높이의 준비와 적극적인 투자가 필요할 것이다.

삶의 질 향상을 위하여 신선한 산소를 보존하고 생활환경을 깨끗하게 하여서 그 산소를 통한 건강한 삶을 추구하자는 것이 지구 전체 사람들의 깊은 생각인 듯싶다.

이제 대한민국도 글로벌 생활 속에 돌입하였고 그에 준하는 문화생활을 영위함과 동시에 녹색 자원을 지혜롭게 보존할 수 있는 문화 시민의식을 드높여야 할 때이다.

지금의 우리 사회는 모든 면에서 과거와는 비교가 안 될 만큼 많은 변화를 가져왔고 경제와 의식수준이 매우 높아졌다. 그러므로 삶의 질을 추구하기 위한 제반조건이 갖추어져 있으며 추구권을 찾고자 많은 사람이 노력을 하고 있다.

자연환경 속에서 녹색 자연 자원을 통한 삶의 질을 향상해야겠다는 의식은 모든 사람들로부터 공감을 얻고 있다. 그렇다면 어떻게 실행할 것인가에 초점을 맞추고 방법론에 접근해볼 필요가 있다. 미래를 향하여 사람들의 욕구를 충족하려면 공간 속에 있는 녹색의 자원을 생활 속으로 접근시켜 일상생활의 소품으로 활용을 해보자는 것이다.

지구 주변에 있는 녹색 공간의 자원으로서 기다림이라는 소재가 있다. 기(氣)라는 단어는, 사람들이 숨을 쉬기 위한 산소와 테르펜류의 자연 향기가 있다. 또한, 매일 새롭게 맞이하는 태양의 에너지 원적외선의 기능도 있다.

다(茶)라는 단어는 산과 들에는 나무와 풀과 맑은 물이 있다. 숲 속에는 사람들이 흔히 애음을 하는 차를 만들 수 있는 원료들이 많이 있다.

림(碄)이라는 단어는 웅장한 산속에는 나무들이 자라고 있고 그 속에는 복합적인 광물질들이 함께 있다. 산림 복합 자원을 기능성으로 융합을 하여 실용 생활에서 에너지화가 될 수 있도록 잘 조화시킬 필요가 있다.

위와 같은 소재들을 모아서 기다림이라는 프로그램이 만들어졌고, 녹색 자원을 통한 기능성을 생활 속으로 접목을 하는 기회가 되었으면 한다.

앞으로 과제가 있다면 대중과의 소통이 첫 관문이 될 것이다. 기다림의 소재를 우리 생활 속으로 접근함에 있어 적절한 미션과 비전을 제시하고 실천을 하는 일이 큰 과정일 것이다.

실천의 접근성에서 크게 두 가지로 분류한다면 도시와 농산어촌으로 나눌 수 있고, 분야별로 접목할 수 있는 통로를 만들어볼 필요가 있다.

도시민들은 가정이나 회사에서 교육을 통한 실습을 병행할 수가 있다. 농산어촌에서는 기존에 실행을 하고 있는 체험 마을과 연계하여 미래 녹색 휴양관광사업과 접목을 하여 농산어촌에 새로운 산업화가 될 수 있는 초석을 마련하고 경제적으로 부가가치를 창출할 수 있도록 해야 할 것이다.

기다림의 프로그램을 통한 파급 효과는 저 탄소 녹색 성장 실천에 관한 의식변화와 탄소 순환 및 산소 마을을 조성하는데 효과적이고 어메니티(amenity) 자원을 활용함에서 이해도를 높이는 기회가 될 것이다.

더불어 휴(烋) 문화와 선(仙) 생활을 창조하자.

그리고 농산어촌 전원생활의 가치 증대와 기존 지역민들의 삶의 질 향상과 농외 소득사업으로 활력화하는데 새로운 촉진제가 되었으면 하는 바람이다.

이 책은 미래 녹색 휴양산업을 창조하는 휴선(烋仙)의 주재 속에 한국형 브랜드를 새롭게 제안한 프로그램이며, 기다림이라는 제목은 휴선의 3가지 콘텐츠 중 한 부분에 속한다.

한국농수산대학에 '휴선포럼'이라는 동아리가 만들어졌고, 미래 녹색 성장의 가치 발견과 발전을 위한 산·학·연의 중심체로서 연구와 학습의 장으로 현재 열심히 활동을 하고 있다.

이 책이 발간되기까지 필자와 인간관계를 맺고 계시는 많은 분들의 관심과 격려가 바탕이 되었고, 이 지면을 빌어 머리 숙여 감사의 인사를 전한다.

끝으로 생활 기능 체험에서 물심양면으로 고행(苦行)을 함께 해 온 사랑하는 아내에게 감사를 표하며 이건순, 장우환 교수님과 친구 명식, 하영, 광준이와 책 출간의 기쁨을 함께 나누고 싶다. 또한, 책 출간에 끝까지 많은 배려와 노력을 함께 해주신 북스타 출판사의 박정태 사장님과 임직원 여러분께 깊은 감사를 드린다.

2009년 늦은 가을, 백두대간 설악에서

조 명 상

추천의 글

우리는 기다림이라면 그저 소나무 위에서 목을 뽑고 있는 학의 그림을 떠올린다. 그것은 고고한 모습이기도 하여 신비로움을 자아내기도 한다. 월기 조명상 선생은 이 기다림에서 훌쩍 날아올라 내려다본 모양이다. 더 먼 곳을 조망한 것이다.

나날이 팍팍해지고 몸서리칠 수밖에 없는 오늘의 전경을 내다보고, 일찍이 강원도 산골짜기로 들어가 그야말로 신선을 닮고자 껍데기를 몇 번이나 벗었나 보다. 그래서 더 높은 산의 정기를 마시고, 약차 한 잔에서 기운을 얻으며, 산촌에서 숲을 이용하여 새로운 휴양산업 세계를 지향하자는 뜻으로 기다림을 氣茶林으로 풀어내고 있다.

우리는 흔히 한국식을 이야기한다. 우리 실정에 맞는 것을 찾아보자는 가벼운 발상에서 시작하지만, 종국에는 무엇을 추구하는지를 잃어버리고 자기 이야기만 하고 마는 경우가 많다. 나도 사실 항상 문제점을 찾고 화두만 던졌지 우리의 휴양문화를 내다보기가 두려웠다. 아니 솔직히 현장에서 그럴만한 여유를 찾지 못하였다고 하는 게 더 적절한 표현일 수 있겠다.

그런데 월기 선생은 오히려 현장에서 부딪히면서 한국의 특성을 살릴 수 있는 한국적 휴양산업의 방향을 실험을 통하여 구체화하고 있다. 도인들이나 가능한 생활이 아닐까 하는 약간의 거리감이 느껴지는 부분도 없지 않으나, 많은 부분은 참으로 참신하고 구체적인 내용이라 여겨진다. 이 책에서 지시하는 한국적 휴양산업의 새로운 콘텐츠로 선을 보이는 것은 선(仙) 체험, 기(氣) 치유, 담(潭) 휴양으로 구성되어 있다.

그 가운데 한 부부인 테르펜 수련장을 보자. 공간 구조를 그릴 수 있을 정도로 자세하다.

"가급적이면 방사 모양으로 하고, 그 벽면에는 돌기 부분이 있어야 한다. 6면체에 있거나 4개의 벽면에는 다 색상으로 준비하고 컬러는 스스로 변할 수 있는 기능을 갖추도록 한다. 그 공간 속에서 프로그램에 의거한 순서대로 자신의 마음을 들어내 보자."

구체적으로 다식을 만드는 방법도 소개하고 있고, 명품 특선을 위하여 생명 에너지원인 산약초목의 이용 방법도 상세하게 소개하고 있다.

이러한 내용이 전국 각지의 현장에서 체험될 수 있게 하여 한국적 휴선문화가 하루 빨리 뿌리내리기를 기원한다.

경기대학교 관광대학 교수 박석희
(한국농촌관광학회장 역임)

추천의 글

"알기만 하는 사람은 좋아하는 사람만 못하고, 좋아하는 사람은 즐기는 사람만 못하다."라는 말이 있다. 《논어》 〈옹야편〉에 나오는 "지지자 불여호지자 호지자 불여낙지자(知之者 不如好之者 好之者 不如樂之者)"를 우리말로 적은 것이다. 이 책의 저자 조명상 휴선포럼 공동 대표는 농산어촌 녹색 휴양관광 산업화 방안을 연구하고, 학계와 현장의 전문가들이 개별적으로 보유하고 있는 정보를 공유하여 발전적으로 확산되도록 하기 위한 휴선포럼을 올해 초 결성하였다. 저자는 바로 이러한 휴선포럼에서 현장 전문가를 대표하여 당당히 공동 대표를 맡고 있는 사람이다.

저자는 지난해에도 《휴선(烋仙) 공간문화》라는 선(仙) 체험과 담(潭) 휴양 관광에 관한 에세이집을 펴낸 바 있다. 이때에 휴선(烋仙)이라는 말은 처음에는 매우 생소하였지만 막상 책을 펼쳐서 읽어보면 금방 친근한 말로 우리에게 다가옴을 느낄 수 있었다. 휴양, 휴식을 신선처럼 즐길 수 있는 녹색 관광의 문화를 휴선(烋仙)이라는 간결하면서도 뜻이 분명한 용어로 잘 표현하였기 때문이었다.

이번에 낸 기다림(氣茶林)은 우리 한글로만 보면 매우 익숙한 말이나 한자와 함께 읽게 되면 생소할 뿐만 아니라 독창성이 있다. 이 책에서의 기다림은 희망을 가지고 기약한 것을 기다린다거나 어떠한 일이 이루어지기를 바라보고 기다린다는 의미로도 사용하였지만은, 그보다는 다양한 생활의 지혜와 순수하고 여유로운 자연철학을 함축적으로 표현하고 있다. 일례로 이 책에서의 기(氣)는 원시림의 청정 공기에서부터 우주의 기운에 이르기까지 자연 속의 수많은 기(氣)를 들춰내 자상하게 설명하고 있다. 금방이라도 그러한 기들이 있는 곳으로 달려가고 싶도록 만든다. 또한, 다(茶)에 있어서는 다양한 차의 향기와 맛과 여유를 언제 어디서 어떻게 즐길 수 있을까라는 물음에 응답하듯이 잔잔하게 설명하고 있다. 여기서는 차도 일종의 바이오 에너지이고, 치유를 위한 생약이고, 잎새의 소망이자 마음에 평화이다. 그리고 림은 '기쁠 림(林)'으로서 숲이라는 생태공간에서 기쁨을 얻을 수 있는 다양한 체험들을 감동적으로 설명하고 있다. 더욱이 천연의 생태를 체험하는 일부 프로그램들에 대해서는 사진과 함께 설명하고 있어서 숲이 있는 곳에서는 누구나 응용할 수 있도록 배려하였다. 이러한 점에서 이 책은 매우 실용적인 저서이면서 일상의 모든 일들을 기대와 희망이라는 이름의 여유를 가지고 다시 한번 생각해보게 하는 수상록(隨想錄)과 같은 책이라고 할 수 있을 것 같다. 정말 이 책의 곳곳에서 저자의 다양한 생활의 지혜가 묻어나 있다.

국립한국농수산대학
교수 서규선

기다림(氣茶碄)

Contents

기다림(氣茶林)

Contents

제1장

기(氣) 차(茶) 한잔하실래요

원시림의 삶은 해맑다.
순수한 마음의 생각은 자연이 준 큰 선물이다.
원시림의 청정 지역에서의 삶은
맑은 정신, 바른 생활, 긍정적인 발상 등이 자연스럽게 표출되며
평화와 행복 자체를 아름답게 표현하게 한다.

하늘이 내린 설악산 원시림의 청정공기

백두대간은 대한민국의 허파라고 할 수 있을 만큼 천연적인 자연자원이 많고 구간별 원시림을 많이 보유하고 있는 산맥인데, 백두산에서 시작하여 전라남도 지리산까지 이어지는 대장정의 큰 산맥이다. 허파와 심장을 동시에 구동한다 해도 과언이 아닐 것이다.

원시림에는 잉여의 산소가 있고 혈액이 맑아지면서 혈액순환이 잘된다는 것은 심장의 구동을 원활하게 한다는 이치와도 같다.

설악산(雪嶽山)은 글자 그대로 눈이 많고 산이 험악하다는 의미이다. 겨울 아침에 하얗게 눈이 덮인 산을 바라보면 참으로 장엄하고도 아름답다. 천연적인 아이스크림이며 하얀 밀가루 같은 양식이 아니던가! 동화 속의 백설공주가 저 멀리서 아지랑이를 타고 오는듯한 환상의 광경이며, 인간의 오염원을 회개라도 하듯 하얀 페인트로 새롭게 단장을 한 모습이다.

자연은 참으로 공평한 듯싶다. 1년에 한 번 정기적인 대청소의 시기이다. 자연은 비를 통하여 오염원을 정화하고, 사람은 백설을 통하여 마음을 청소하는 것 같다. 마치 순백의 A4 용지를 바라보듯 청결하고 청순함을 연상케 한다.

자연에서 도를 닦는다는 의미는 새삼스러운 것이 아니듯 싶다. 온산 전체가 하얀 글자 그대로 무아지경이라고 해도 과언이 아닐 것이다. 마음에서 비움의 이론과 순수성을 찾는 과정이라고 표현하고 싶다.

자연이 변화하는 과정을 보면서 그 속에서 호흡을 하며 피부로 느끼고, 그 물질과 고뇌를 같이 행함에 생활의 도를 수련하는 것이 아니런가 싶다.

필자는 백설로 하여금 마음을 정화하고 새 도화지에 새로운 그림을 그리노라면 마음이 편안해짐을 느끼는데, 이를 습관 한 지도 20년이란 시간이 지난 듯싶다. 그래서 항상 새 도화지에 그림 그리기를 좋아하는지도 모른다.

해마다 느끼는 감정이지만 어린 시절로 돌아가려는 듯 눈만 보면 눈 장난을 하려는 동심이 발동하기도 한다. 이는 곳 지난

시간을 회상하며 원순환의 원리를 논하는 듯싶다.

설악에 사노라면 백설이 낭만만을 가져오는 것은 아니다. 눈과 힘겹게 싸움을 해야 한다. 때로는 빗자루, 때로는 눈가래 또는 눈삽 등을 동원을 해서 집 주변은 물론이거니와 대로변까지 재설작업을 해야 하는 고행을 해야만 한다.

재설작업을 하면서 많은 생각을 한다. 도로를 닦는 것이 도(道)를 닦는 것인지 부처님 앞에서 좌선을 하는 것이 도를 닦는 것인지 알 수는 없으나 사찰에서 스님들께서 아침이면 마당을 빗자루로 쓰는 것부터가 하루의 일과이다. 왜 마당을 쓸어야 하는가를 이제야 조금 깨달은 듯싶다.

원시림의 백설은 다른 곳과는 차별성이 있다. 공기도 공기나름이라고 하듯 이곳의 눈은 맛도 다르다. 한번 와서 드셔보라고 권하고 싶다.

눈 내린 다음날은 비가 온 다음날보다 공기가 더욱더 상큼하다. 근래에 들어서 세계적으로 이슈가 되고 있는 것이 탄소 배출량과 탄소 저감 운동이다. 각 나라마다 탄소 저감 대책에 분주하며 지구를 친환경으로 만들고자 노력하고 있는 실정이다. 탄소 저감 운동이 성실히 실행되어야만 우리가 살고 있는 공간 환경이 맑으며 쾌적하다고 할 수 있을 것이다. 우리가 그동안 무심하고 무가치로 느껴졌던 공기란 가치를 새삼 다시 생각하게 하였다.

'물 쓰듯 한다'는 말이 있듯이 물은 흔한 것의 대명사였다. 그런데 그 무의미했던 물이라는 가치가 지금은 어떻게 변하였는가! 대동강 물을 팔아먹었던 봉이 김선달 이야기처럼 물은 생필품이며 돈이 되는 사업이라는 인식이 절대적이다.

이제는 공기의 차례이다. 아직 얼마가 더 있어야 우리는 좀 더 심각하게 생각할지 모르나 이미 심각성과 중요성을 느끼는 사람들이 많은 듯싶다.

현실에 있어 도시에 계시는 분들 중 주거환경과 직업의 종류에 따라서 공기의 필요성을 느끼는 곳이 다소 차이는 있으나, 한결같이 새로운 공기가 아쉽다고 말을 하는 이들이 많은 듯싶다.

특히 평소에는 관심 밖에 있다가 어느 날 갑자기 몸에 병이 들어 죽음이라는 운명이 다가왔을 때 자연이라는 청청한 곳을 찾게 되고, 비로소 공기의 소중함을 절실히 느끼곤 한다. 이것이 인간의 심리인 듯 이곳에 휴양과 치유 관계로 오시는 분들의 생각과 말을 들어보면 이구동성이다.

필자가 둥지를 틀고 있는 위치는 설악의 한 줄기로서 주택의

주변에는 활엽수보다 침엽수가 많으며 조선 소나무가 병풍처럼 감싸고 있다. 물은 천연적인 참샘을 식수로 사용을 하고, 햇볕은 남향이라 일광이 좋고, 공기는 오염원이 없어 상쾌함 그 자체이다.

필자는 자연에 혜택을 누리고 있는데 관하여 항상 감사하게 생각을 한다. 이 좋은 공기를 도시민들과 나눔의 방법을 깊이 생각해 왔으며, 자연 치유 시스템을 공유해왔고 앞으로도 함께 연구할 것이다.

필자가 인제에서 서울을 갔을 때 생체의 감각에서 느끼는 데이터는 심각성 자체이다. 기계로 측정한 과학적인 데이터는 없지만 생체의 자율신경 데이터는 감지를 한다.

공기가 맑은 곳에 있다 보니 두뇌가 맑다. 두뇌가 맑으니 새로운 발상이 많이 떠오르는 듯싶다. 생체의 두뇌 부분이 산소 공급량을 1/3을 차지한다고 하며, 두뇌 활동과 산소 공급은 비례하는 듯싶다.

다음은 생체의 환기량에 관한 상식적인 내용이다.

산소섭취량

우리 몸은 운동을 하지 않아도 자신의 생명을 유지하기 위하여 에너지를 필요로 한다. 성인은 안정 시에 호흡수는 매분 16~18회 정도가 되며 1회 환기량도 약 400~500㎖가 되므로 1분간 환기량은 8000㎖ 정도가 된다.

운동 시 환기량은 남자의 경우 80~100ℓ, 여자는 50~70ℓ 정도이다. 환경이 좋지 않거나 공기 중의 산소량이 적어서 호흡의 곤란이 오면 산소부채의 상태가 올 수도 있다. 산소부채가 많으면 젖산을 비롯한 산성 대사물이 쌓이게 되므로 혈액이 지나치게 산성 쪽으로 기울이게 된다.

산소는 생체에 있어 제일 중요하다고 해도 과언이 아니다. 극한상황에서 공기 중 산소는 단 3분 이상 참는 이가 없으며, 물은 10일 동안 공급이 되지 않아도 자체에서 순환이 가능하다.

공기 중 원시림의 산소는 특징이 있다. 설악산을 위주한 주변의 산에는 소나무와 잣나무가 과반수를 이루고 있다. 소나무로 하여금 테르펜의 향을 많이 함유된 산소를 공급해 준다는 것이다.

소나무의 피넨 성분은 혈액에 산소를 공급과 순환을 촉진시키며 두뇌를 맑게 해주는 역할을 하기도 한다. 때문에 피넨의 삼림욕을 많이 하면 그 영양분을 통한 긍정적인 생각을 수반한다. 긍정이 긍정을 낳듯이 긍정적인 감정에서 좋은 생각이 발상

되며 질 좋은 작품을 창출한다.

이곳에서는 창작의 활동이 풍성한 듯싶다. 좋은 아이디어가 많이 창출된다는 것을 필자 스스로가 느끼는 경험담이다. 원시림의 청정 지역에서의 삶은 맑은 정신, 바른 생활, 긍정적인 발상 등이 자연스럽게 표출되며 평화와 행복 자체를 아름답게 표현하게 한다.

원시림의 삶은 해맑다. 순수한 마음의 생각은 자연이 준 큰 선물이다. 순수의 표현은 누구의 가르침도 아니요 누구의 강요에 의해서도 아니다. 생체란 자연환경의 조건을 인지하는 기능이 무한이 발달되어 있다. 자연을 접하고 순응하면서 생활을 하다 보면 내 안에서 자연이 숨 쉬고 있다는 것을 느끼고 느낌을 자연과 함께 감정으로 공유하기 때문이라고 생각한다. 일종의 순수한 인간다운 이성과 욕구의 느낌이라고 표현하고 싶다. 때문에 도시민 누구나가 한 번쯤은 전원생활을 동경하기도 하며 해보고 싶어 한다.

또한, 명심할 부분이 있다. 자연은 스스로에게 소유가 아닌 배려의 감성으로 접근을 하여야 한다는 것이다. 즉, 전원생활을 하고자 하는 자는 자연에 관한 기초적인 이론을 수행을 한 사람만이 자연은 비로소 당신을 맞이할 것이다.

휴식, 치유, 휴양을 위해 생활공간을 잠시 벗어나 숲을 찾아서 자연을 체험을 하는 이들이 점점 늘어나는 추세이다.

여러 가지 사정으로 인하여 전원생활을 못하는 도시민을 위하여 설악산 원시림의 청정공기를 보내드리고 싶다. 경제 사정이 어려워 생활이 다소 불편하시더라도 힘을 내시라고 정기(精氣)를 보내드리고 싶다. 새로운 공기를 마시면서 새로운 생각 속에 새로운 생활을 맞이하시기를….

사랑의 시작은 차 한 잔의 향기로부터

우리 모두 사랑을 하자. 내 품안에서 후회 없는 열열한 사랑을….

아침 잠자리에서 일어나면 사랑이라는 단어를 외쳐보자. 사랑의 힘은 하루 일과 중에 무척이나 큰 힘을 작용한다. 직장에 나가기 전에 가족 간에 사랑부터 진하게 해보자. 식사 후 티타임을 활용한 마음가짐을 새롭게 해보자는 것이다.

직장에서 모닝 차 한 잔에 사랑의 향기를 음미해보자. 우리네 사회에서는 사랑이라는 단어를 너무나 인색하게 활용을 하고 있다. 관례적으로 있는 일을 우리들은 다반사(茶飯事)라고 표현하기도 한다. 맨 처음 시작할 때의 마음으로 성실하게 임하자는 것을 말할 때 '처음처럼'이라고 한다.

시작이 반이라고 했다. 하루의 일과 시작이 중요하다. 시작부터 기분이 썰렁하면 온종일 일이 잘 풀리지 않는 경우가 많다. 처음부터 실타래가 꼬이지 않고 차근차근 잘 풀려야 어떤 새로운 일에 도전이 가능할 것이고, 아침부터 기분이 나쁘면 왠지 모르게 오늘 하루의 성과물이 부실하게 된다는 생각을 하게 만든다.

사무실에 출근해서 차 한 잔을 마시면서 조용히 일과를 준비한다. 사람들은 차 한 잔을 테이블에 놓고 무슨 생각들을 할까? 그저 일상의 관례대로 무의식적으로 마시는가 하면 짧은 시간이지만 깊은 명상에 잠기는 사람도 있다.

그렇다. 차 한 잔에는 감사라는 단어가 있고 상대의 배려와 마음이 담겨 있으므로 차를 전해주는 이와 차를 같이 마시는 동료와 자리를 마주하며 서로 무언에 교감을 나누는 자리라고 보면 이해가 깊다.

오늘도 건강과 행운의 감사를 느끼면서 아침 차를 어떤 종류로 어떻게 마시느냐가 하루의 기운을 컨트롤한다고 볼 수 있다.

일과 시작은 가벼울 수도 있고 무거울 수도 있다. 마치 육상선수가 출발 지점에서 출발 준비를 하고 신호를 기다리듯 초조함과 긴장의 시간일 수도 있다. 잠시 후부터는 전력질주를 해야하기 때문이다.

또 수반되는 것은 옆 주자와 경쟁을 해야 한다는 또 하나의 강박관념을 가지고 있다는 것이다. 어떻게 하든 나 자신과 싸우면서 상대보다 더 잘해야 된다는 무언의 경쟁 또는 전쟁의 사회라는 현실감을 맛보면서 한 잔의 차 타임이 끝나면 본격적인 업무가 시작된다. 상하좌우 간의 업무 지시와 업무 교류를 하면서 분주하게 일과를 시작한다.

일반적으로 직장의 종류와 업무가 다를 뿐 사회 모든 분야에서 거의 동일한 방법과 방식으로 업무 시작과 현장 작업이 진행되는 듯싶다.

하루의 행운을 성취하기 위해서는 일과에 앞서 차 한 잔의 향기를 음미하는 것이 매우 중요하다. 주요 관건은 자기만의 가치 있는 개성의 차를 준비하고 각별히 마셔야 한다는 것이다. 규칙적인 관리를 통한 자신의 준비로서 스스로에게 행운과 행복과 새로운 길을 열어 가는데 키워드가 될 것이고, 작으면서도 크고 하찮으면서도 귀중한 아이디어가 당신 곁을 방문하게 되고, 그것을 보존과 발전시키어 당신이 가는 길에 승화의 빛이 될 것이다.

차 한 잔의 향기에서 하루의 행운을 성취하라.

향기를 스쳐가는 향기처럼 놓치지 말고 순간의 기회를 포착

하도록 하라. 기회란 향기처럼 내 안에서 오랫동안 머무르지 않으며 잠시 스쳐갈 뿐이다. 향기의 기회란 왕복의 티켓을 구매할 수 있는 기회가 없다는 것이다.

작은 찻잔에 우주의 기운을 담다

삶에서 필요의 선(鮮)만 담아라.

필요의 악(惡)이랑 절제를 하라.

주변에는 불필요의 선(鮮)이 너무나 많아 기억을 어지럽게 한다. 선의의 악(惡)이 있거든 과감하게 결별하라. 풍족하고 화려한 생활에 대한 미련을 떨쳐버리기는 쉽지 않다. 그러나 참된 마음의 여유와 평화를 위해서는 불필요한 소유욕에서 벗어날 필요가 있다.

인간의 생활은 담아서 소화를 할 것과 버릴 것을 실행하는 자만이 현명한 삶을 엮어 간다고 말할 수 있을 것이다.

사람다움의 가치란 자리 선택의 판단이 그 스스로에게 아름다움을 줄 것이다. 비록 몸집은 작지만 마음만은 처음부터 높고 넓은 자리를 펼치자. 작지만 슬기롭게 대처하자. 작은 고추가 맵다고 하지 않던가!

찻잔에 우주의 기운이라…! 허무맹랑한 이야기처럼 생각할 사람도 있겠지만, 허무맹랑한 소리는 아니다.

누구나 한 번쯤 담아보자. 희망과 행복은 지정된 그릇이 없다. 담고자 하고 담는 대로 담기는 것이 희망과 행복이다. 그래서 누구나 주인이 될 수가 있다.

비움의 마음에 그림을 그리면 누구나 생각대로 다 이루어진다. 그러나 그 그림을 현실에서 실천함에 있어 분야별로 다소에 차이가 있을 뿐이다. 특히 물질을 요구하는 일에 있어서는 꿈과 현실이라는 차이는 더더욱 거리감이 있어 보인다.

돈 많은 부자, 높은 자리에 있는 관료의 길, 최첨단 고도의 기술 등은 꿈만 가지고는 이루어질 수 없는 부분이며 유한과 무한적인 노력이 수반되어야 이룰 수 있는 부분이다.

또한, 무한한 가능성을 열어놓고 도전의 기회를 준다는 것이다. 우리는 성취감에 있어 꿈으로 이룰 수 있는 일과 생각대로 이룰 수 있는 일과 운명적으로 이룰 수 있는 일이 있다고 볼 수 있겠다.

꿈과 현실은 엄연히 다르다. 판단과 결정은 본인 스스로가 하

여야 한다.

말[言]과 생각만으로 스스로가 원하는 것이 이루어지는 세상사가 아니라는 표현이기도 하다.

현 사회에서 부분적이기도 하지만, 풍선 같은 말을 많이도 만들어내고 이를 활용하여 듣는 이로 하여금 방황하게 만드는 사례가 많이 있다. 예를 들어 우리들은 꿈이라는 표현을 많이 쓴다. 이 말은 용두사미와도 같으며 그 뒤의 대안이 없이 바람이 빠지고 나면 그냥 풍선일 뿐이다. 일명 허풍의 꿈이라고 표현을 할 수가 있을 것이다.

허망한 꿈을 좇지 말라. 땀의 결정체에서 가치를 찾자.

사주와 운명은 그 사람이 가는 길이며 양쪽 어깨에 짊어질 짐이기도 하다. 사람의 삶에서 팔자와 운명은 기존에 있기는 하나 삶을 살아가면서 자신의 노력 여하에 따라서 새롭게 만들어 갈 수가 있다고 한다. 때문에 우리가 타고난 사주와 운명에만 연연하지 말고 스스로의 팔자를 위해서 노력을 하여 본인이 원하는 좋은 팔자를 만들어 가자는 것이다.

대처하는 방법으로는 자신 안에서 새 기능을 발굴하고 자기 자신을 쇄신하여 새로운 그릇을 만들고, 새로운 그릇에 새로운 물질을 담아서 자기 것으로 소화를 시키는 것이 중요할 것이다.

필자는 작은 찻잔에 우주의 기운을 담자고 했다. 상상과 공상에 불과하다고 할 수 있겠지만, 결코 어려움만을 고집할 필요도 없다. 누구나 한 번쯤은 실천해 보라고 말하고 싶다.

일상에서 기적이라는 단어는 로또복권과도 같은 표현일 것이다. 과연 기적이라는 단어가 나에게도 행운을 줄까? 그렇다고 믿으면 그렇게 된다. 하염없이 주문을 하여라. 의문도 있겠지만, 망설이지 말고 과감한 용기 속에 연속적으로 실천을 해보자. 그러면 당신 마음에 중심이 보일 것이다.

찻잔의 표면에 당신의 눈이 보일 것이고, 당신의 마음이 보이고, 당신이 가고자 하는 길이 보일 것이다. 마음을 넓고 높게 활용하라. 생각은 기운이 용솟음치듯이 활용하여야 한다. 자신의 몸을 이들로 하여금 겹겹이 맞이하도록 곁을 비워두어라. 그를 행함에 있어 당신 앞에 있는 작은 찻잔이 아닌 그 속에서 우주가 보일 것이다.

기적이라는 단어는 노력과 집중이라는 기능적인 한계를 요구한다. 노력 없는 행운과 집중력 없는 기적이란 없다는 이야기이다. 사과나무 밑에서 사과가 떨어지기를 기다리지 말고 사과를 어떻게 따서 맛있게 먹을 수 있느냐를 생각할 때이다.

자기 개발을 꾸준히 하고 집중력을 동반한 땀 냄새 나는 노력을 게을리 해서는 안 된다는 것이다. 인고를 극복하면 당신스스로에게 행운이 찾아올 것이다.

일상에서 사람들은 자기 스스로를 평가할 때 겸손이라는 이름으로 과소평가하는 경향이 있다. 자기 스스로 자기 능력의 가치를 높여보자. 사람은 이성적인 존재이다. 사람은 두뇌를 가지고 있고 그 두뇌를 지배하는 것이 사람이다.

현실에서 사람이 두뇌를 지배해야 되는데 두뇌가 사람을 하인으로 부리는 듯한 느낌을 받고 있다.

사람은 누구나 평등한 권리와 평등한 능력을 가지고 있다. 스스로 자기 자신을 비약하지 마라. 무한한 잠재능력에서 깨어야 할 때이다. 논리에 의한 자신의 내면을 들여다보자. 작게 생각하면 작게 보이고 크게 생각하면 크게 보인다.

필자는 근자에 무모하리만큼 큰 도전을 하였다. 우주를 향하는 것은 아니지만 글로벌적인 도전을 향하여 도전장을 던졌다. 프로그램으로 말하자면 우리나라를 대표하고 세계적인 문화로 확산하자는 것이다. 프로그램의 이름은 휴선이라는 것이고 삶에 있어 행복한 휴양산업을 창조하자는 논리이다.

과연 필자가 감당할 수 있을는지 의문이기도 하며, 실효성이 있을까 하는 이들도 많지만, 반면에 찬성과 후원을 하는 이들도 많이 늘어가고 있다. 1%로의 가능성을 가지고 기획을 하며 51% 확률을 가지고 도전을 해보라. 성공의 지름길이란 실행과 함께 첫발을 내딛는 자에게만 주어지는 기회일 것이다. 필자의 프로그램도 첫걸음을 시도했고 다음 단계는 융화의 단계에 접어들었다. 누구에게도 가능성은 있으니 머뭇하지 말고 자기 능력에 있어 도전을 해보라는 의미에서 부분적으로 잠시 소개를 해보았다.

때문에 찻잔이 작다고 작게 보지 말라. 하늘처럼 넓게 보라. 우주처럼 넓다고 생각하고, 그 크기에 자기를 맞추려고 노력을 해야 할 것이다.

하루에 한 번쯤은 찻잔을 마주하면서 우주를 바라볼 수 있는 마음의 수련을 해보라고 권하고 싶다. 이런 수련을 하다 보면 나 자신이 마음이 열리고 용기가 발생하여 새로운 일에 과감하게 도전하여 길이 열릴 수 있다.

당신도 할 수 있다. 넓은 세계를 보라. 바라보는 공식을 얻을 것이고 자기 눈높이와 자신의 그릇에 맞는 범위의 그림을 그려야 할 것이다. 찻잔에 우주의 기운을 담는 것은 자기 마음을 찻잔에 담는 이치와도 같다.

마음의 창조 여명을 기다린다

우리 눈앞에 보이는 것과 우리 머릿속에서 떠오르는 생각 사이에는 묘한 기류가 흐르고 상관관계가 있다. 때로는 큰 생각은 큰 광경을 통하여 요구하게 하고 새로운 생각은 새로운 물질을 요구한다.

평소에는 관심도 없던 사물들도 눈을 통하여 흘러들어오는 풍경은 새로운 생각의 소재가 되어 하고자 하는 일이 잘 진행되어 나가도록 도움을 주기도 한다.

하루에 한 번쯤은 나는 내 모습이 아름답고 행복한 인생을 살아가고 있다고 힘주어 외쳐보라. 그 어떤 시련과 아픔이 내 곁에 온다 해도 자신의 신념을 잃지 않는 일, 이것이 바로 소중한 내 마음을 아름답게 가꾸기 위한 방법이다.

자갈밭 언덕 위에서도 꽃을 피워 아름다운 장관을 만들어 내는 사람이 바로 당신일 수 있다.

생체에 있어 숨을 편안하게 쉼과 동시에 뛰면서 생각하자. 나에게 행운이 오기를 기다리지 말고 내 스스로가 행운을 맞이하고자 1보 앞을 뛰어나가자. 이 말은 먼저 가서 먼저 보아야 한다는 의미이기도 하다.

생각에서 생각으로 끝나는 것이 아니고 실행을 어떻게 할 것인가를 탐구하는 자세가 필요하다는 말이기도 하다.

최상의 삶

강렬히 원하는 삶은 오직 당신의 마음으로부터 선택과 확신, 그리고 행동에 의해서만 현실화가 될 수 있다. 삶에서 중단없는 전진의 생각은 새로운 움직임의 길을 만들어준다.

행운은 다가오는 것이 아니라 스스로가 다가가려고 노력해야 하며, 찾는 자만이 마음의 창으로 여명의 빛이 방문할 것이다.

50세가 되면 자기 나이에 책임을 져야 한다는 말이 있다. 인생에 있어 중간 평가라 할까? 마음을 새롭게 창조해야 할 시기인 듯싶다.

나는 현재 나의 내, 외적인 모습에 만족을 할까? 내가 살아온 삶을 타인이 평가를 한다면 점수는 몇 점이나 나올까? 50세를

살아온 사람들이라면 누구나 한 번쯤 생각해본 사항일 것이다.

삶에 방식에는 일정한 공식은 없다. 그러므로 평가의 기준도 없다. 대한민국 국법의 테두리 속에서 타인에게 피해를 주지 않는 선에서 자기 안에서 행복하다고 생각한다면 소박하면서도 참다운 삶이라 말할 수 있을 것이다.

평가의 종류와 방식은 사람에 따라서 무한적이므로 기준점을 선정하기는 어렵다는 이야기이다. 자신에 의해서든 타인에 의해서든 평가는 필수적이며 미래를 향해 새로운 창을 여는 것 또한 자명하다. 새 시대, 새로운 창을 열어야만 한다. 마음을 새롭게 단장하고 새벽녘 동쪽에서 떠오르는 여명을 바라보면서 가슴으로 열정적인 마음을 포옹하고, 원하는 주문을 외치며 양손을 번쩍 들고 정기를 받아보라. 새 희망이 그대를 맞이할 것이다.

새로운 마음의 창조 방법은 어떤 것이 있을까? 어설프지만 한 번 시도해 보라.

작은 찻잔 앞에서 하늘을 우러러 한 점의 부끄럼이 없다고 맹세할 수 있을까? 덩치 큰 사람이 작은 찻잔 앞에 앉아 무엇을 생각한다는 자체가 매우 어설프다. 그러나 생각을 해야 된다는 것이다.

큰일을 이루기 위해서는 작은 일을 잘해야 한다. 이것이 수행 능력이며 경륜이라는 이력서가 된다.

우리는 삶에서 작은 것에 소홀히 하는 경향이 있다. 필자는 작은 것의 소중함을 깨우치고 싶다.

어느 선가(仙家)에서의 일이다. 도인과 도인이 차를 마심에 있어 무언의 차를 마신다고 했다. 말 없는 가운데 마시는 차 한 잔에서 서로의 마음을 본다. 눈빛으로 서로의 생각을 전하고 입가의 미소로서 대화한다. 이 방법은 취침자리에서 부부와 함께 행하여 보는 것도 바람직하다.

필자는 작은 찻잔 앞에서 종종 가벼운 명상을 즐기곤 한다. 찻잔에서 내 모습을 보고, 차 향기에서 나의 냄새를 음미하면서 자신의 내면을 느끼는 시간을 가지다 보면 또 다른 기운으로 총명한 생각이 떠오르는 일이 생긴다.

무언의 향(香)을 한 잔 마시자. 액체가 아닌 기체를 한 잔 마신다는 의미이다. 현대는 말을 많이 하는 시대이다. 자기가 자기를 홍보하는 시대이다. 말이란 마음을 대변하는 대변인 역이다.

필자는 우리의 말글살이에 우려가 크다. 국어 순화가 되어야만 된다고 생각한다. 일상에서 대화를 함에 있어 1/3은 외래어가 또는 속어 등이 많이 있으며, 외래어 자체도 도대체 어느 나

라 말인지도 모르는 말이 많다. 심지어 우리나라 국어 자체도 유행어 또는 유사 용어를 너무 많이 사용하곤 한다.

목적과 논리에 맞지 않는 이야기는 가급적 줄여서 하는 습관을 가져야 한다. 말[言]은 가려서 해야 하며 주어서 담을 수 없다는 단점이 있음을 명심해야 할 것이다.

막말은 자신 내면에 상처를 주는 흉기

말에 온도가 있다. 혈기같이 따뜻하고 열정을 가져야 한다.

말에 소리가 있다. 심장의 소리를 들으며 자신을 생각하라.

말에 기운이 있다. 칼을 잡는 것과 같이 조심히 다루어야 한다.

말은 투명하니 그 사람 없는 데서 그 사람 이야기하지 마라.

말은 공기와 같다. 마신 공기를 또 마실 수 있으니 말을 탓하지 말 일이다.

마음을 창조하는 의미에서 마음과 말씨를 다듬을 필요가 있어 몇 자 적어보았다. 일상생활에서 활용을 해보는 습관을 가져보자.

겨울철 양지 녘에 앉아 여유로운 자세로 우아하게 분위기를 조성하고 내 마음을 차 향기에 담아 스스로의 마음에 취해 보자. 내면에 새로운 나의 지도가 보일 것이다. 나의 지도를 살펴

현 위치를 점검해보는 기회를 만들어보면 과거와 미래를 동시에 생각할 수 있고 개선점을 찾는 시간이 될 것이다.

마음에는 말과 지도가 있으니 길을 떠나려거든 잘 물어서 길을 가라. 여명은 매일 반복된다. 오늘 만족스럽지 않는다고 상심하지 마라. 내일이면 새로운 여명이 그대 곁을 방문하게 될 것이다.

태양이 매일 반복해서 떠오르듯이 희망을 매일 새롭게 가져라. 주어진 역량에서 마음껏 설계하라. 그중에서도 실현 가능한 설계를 하라. 인생에 있어 실리는 꿈을 꾸는 것이 아니라 깨어있는 현실을 설계하는 것이다. 사회는 실용적인 계획서의 창작품을 요구한다.

꿈은 희망이라고 하지만, 희망일 뿐 실용성은 없다. 날마다 새롭고 창의적이며 생활에 공감할 수 있는 길을 찾아라. 설계 속에서 변화를 추구하고 길이 보이면 그 길 속에서 길을 찾게 될 것이다.

설계를 한다는 것은 시작을 의미한다. 시작은 길을 찾음과 동시에 열정이 있다는 증거이고, 사람이 살아있는 동안에 반드시 해야 할 생활의 의무이자 책무이기도 하다.

해마다 봄이면 나뭇가지에 새싹이 피어난다. 처음에는 풀잎

같은 가느다란 잎이 피고 잎 모양이 커서 줄기가 되어 더더욱 자라서 나무라는 과정을 밟는다.

처음에 피어나는 새싹은 가냘프고 여리기만 하여 세상사 타인에게 도움을 주지 못한다. 그러나 나무라는 이름으로 자라게 되면 사람의 생활에 유익함을 제공한다.

항상 새로운 마음으로 새롭게 싹이 터야 한다. 그리고 재목이 될 때까지 보호하며 기다려주는 미덕을 배워야 한다. 요즘 사회에서는 너무 급하다. 씨앗을 뿌리고 금세 싹을 튀어 재목이 되어서 결과물을 요구하는 것은 현대인들의 '빨리빨리 병'이다. 이런 현실은 무엇이 문제일까? 다 같이 문제점과 대안을 찾아야 할 시기이다.

우리 인생에서도 마음을 새롭게 하는데 있어 나뭇잎 같은 새싹의 지혜를 빌려보자. 그러면 가는 길이 바르고 평온하며 큰 재목으로 가는 길이 열리게 될 것이다.

해바라기는 태양을 먹고 산다. 태양이 가는 길을 간다.

나무는 태양의 빛을 맞이하여 생명을 유지하며 번성을 한다.

사람은 태양과 함께 공존하며 삶을 영위한다.

사람의 마음에는 따뜻한 피가 흐르고 태양을 맞으려고 노력을 한다.

마음을 정제하고 태양을 맞이하자. 동창에 밝아오는 새벽 여명을 부지런한 자는 맞이할 것이요, 마음에 창조는 새로운 길을 맞이할 것이다.

내면의 잠을 깨우는 기(氣), 차(茶)의 향

순리적 도(道)의 정수는 깊고 가까우며, 인위적 도(道)의 한계는 컴컴하고 고요하다. 삶에서 자연의 순리를 따르면서 균형잡힌 정신과 마음으로 기회를 기다리면 행운은 반드시 찾아오게 될 것이다.

눈으로 보는 바가 없고, 귀로 듣는 바가 없으며, 마음으로는 무엇을 아는 바가 없으면 당신의 정신과 몸을 잘 다스려서 장수하게 될 것이다.

바보 같은 생활과 스트레스가 없는 활동을 의미하기도 한다.

수면의 세계

잠이란 생과 사의 교량과도 같다. 잠은 오늘과 내일을 이어주는 징검다리와 같다. 오늘 하루의 미련을 내일에 희망을 준다는 과정이다. 괴로움과 번뇌 속에 잠을 청할 것이 아니라 즐거운 마음으로 오늘을 반성하고 내일의 진일보를 기약하면서 잠들기 전에 메모하는 관습을 기르자.

희망의 꿈은 준비하는 자만의 마음속으로 자리할 것이고 마음속에 간절한 기도만이 해결의 열쇠를 얻을 수 있을 것이다.

모두가 힘들어하고 있다. 내 안에서 잠자고 있는 해결의 열쇠를 기도를 통해서 찾아보자.

방향을 찾아야 하나 어두운 밤길을 계속해서 기약 없이 가고만 있다. 때로는 어디로 가야 할지 방향조차도 모르면서 가고 있고, 때로는 길이 아닌 줄 알면서 늪의 길을 가고, 때로는 자포자기하는 심정으로 남들이 가는 길을 뒤따라가는 이도 있다.

밤길에 돌부리에 치이면서 불편한 길을 가고 있는 것은 양호한 편에 속한다. 더더욱 안쓰러운 것은 늪의 습성과 위험수위조차도 모르면서 자기 실체를 찾으려고 이리저리 밤길을 헤매는 자들이다.

위와 같은 자들은 이정표가 그려진 달빛의 지혜를 그리워할 것이다. 근자에 매스컴에서는 이와 같은 암울한 이야기들이 종종 들리기도 한다.

더욱더 심하면 인생을 포기를 하는 이도 있다. "호랑이게 물

려가도 정신을 차리면 산다."라는 말이 생각이 난다. 긴급한 상황과 어려운 환경일수록 자기중심을 찾아야 한다. 인간이란 존엄하며 사람의 생명이란 신비하며 존귀한 것이다.

본래 인간의 뜻[意]이란 문자 그대로 현재의 마음[心]을 비추는 빛에 서 있는 그 무엇이다. 그리고 그 뜻을 느끼는 것이 식(識)인데, 거기에는 빛과 소리의 조화라는 과정이 있다. 내 안에서 잠자고 있는 능력과 두뇌를 잠에서 깨어나 자기개발을 촉진할 때이고, 능력개발 프로그램을 접해보는 시간이 필요한 듯싶다.

자연 속에서도 동물과 식물들은 동면과 월동이라는 과정을 치른다. 곰, 뱀, 개구리, 다람쥐 등은 동면을 하고 식물들은 성장이 정지하면서 월동을 한다. 사람은 뇌 활동에 있어 잠을 자고 있는 뇌세포가 깨어서 사용하고 있는 뇌세포수보다 더 많다는 것이다. 다시 말해서 휴면의 뇌세포가 많으며 그 기능이 점진적으로 쇠퇴하고 있다는 것이다.

더 상세하게 말하면, 기능이 있는데도 불구하고 자기가 처한 환경 때문에 자포자기하는 경향으로 활로를 막아버리는 사례이기도 하다. 필자는 이것을 뇌세포 기능 휴면 상태라고 말하고 싶다. 때문에 자연의 향과 더불어 스스로의 내면에서 휴면을 하는 세포를 활성과 촉진의 기회를 가져보자는 것이다.

현명한 자는 위기를 슬기롭게 대처하는 지혜를 가진 자이다. 지혜로운 자에게도 시련은 있지만 결코 좌절하지 않는다.

경제가 어렵다고 몸부림이다. 많은 사람들은 답답한 가슴을 풀려고 넓은 바다를 찾고 산과 들에서 새로운 공기를 마시면서 스스로의 위안을 찾으려고 노력한다.

잠시의 위안을 찾고자 자연을 접한다는 것은 대안 아닌 현실 도피라는 오명을 남길 여지가 있다. 반드시 정밀한 진단과 대안 속에 돌파구의 길이 주어진 프로그램에 의해서 새로운 자세로 학습을 해야 할 것이다.

기(氣), 차[茶]를 한 잔 하면서 자신의 내면을 생각해 보자.

테르펜+약초 향의 차 한 잔을 타서 양지바른 햇볕에 앉아 따뜻한 차 한 잔을 음미하자. 처음에는 향을 음미하고 다음은 한 모금을 넘기면서 내면에 흐르는 마음의 기운을 느끼자. 그리고 눈을 지그시 감고 가벼운 명상에 잠겨보자. 마음의 신비를 느끼며 행복이라는 단어를 음미할 수 있을 것이다. 마음에 정체되어 있던 모든 것이 내려가는 듯한 느낌과 자기가 새로워져야겠다는 용기와 자신감이 샘솟을 것이고, 내면에 있던 잠재의식이 밝은 의식으로 바뀌어 서서히 움직일 것이다.

이렇게 하기를 여러 번 반복해 보라. 실행함에 있어 명상의 자세라든지 규격을 꼭 지킬 필요는 없으나 기본자세는 취해야 하며 마음이 편한 자세가 자신에게 맞는 자세가 될 것이다.

이때 차의 종류 선택이 중요하다. 차의 종류에 따라서 기능이 달라질 수 있으니 차의 재료는 가급적이면 산에서 나는 자연산을 택하는 것이 좋다. 산야초 및 약초 중에서 자기의 체질에 맞는 기호품을 선택하여야 하며, 차 다림에 있어서도 법제를 잘 따르고 정성껏 잘 달여야 할 것이다.

내면의 잠을 깨우는 방법에 있어서는 여러 종류가 있다. 이 책에서 필자가 소개한 방식은 일면만 소개를 했는데, 도시민들이 직장이나 가정에서 쉽게 할 수 있는 방식이다.

잠을 깨우는 방법에 있어서는 여러 가지가 있다고 볼 수 있다. 인위적인 방법으로는 지식과 교양을 통하여 이론적으로 접근할 수 있는 방법이 있지만, 그것은 순간적인 처방은 가능하나 운영의 폭이 좁다. 가능한 한 자연 속에서 생태의 자원을 활용한 기법을 찾아보는 것이 효과적이다. 산림의 향 테르펜의 기법을 적용해 보자.

행위를 하는 방식은 깊은 산림을 찾아가서 숲속을 걷고 좌선을 하는 방법과 집 주변에서 소나무와 잣나무가 많은 곳을 찾아 그 숲에서 수련을 하는 기법을 찾아보자. 필자가 행하는 기법은 연구소 근처의 장소를 주로 활용하는데, 수종으로는 소나무와 잣나무를 주로 활용한다.

뇌파의 잠을 깨우려면 뇌세포혈관에 산소를 공급해주는 것이다. 산소는 일반 산소가 아닌 피넨의 성분으로 1일 30분씩 꾸준히 해야 하며, 호흡기를 통한 흡기법과 모공을 통한 단침요법을 써 보는 것도 좋다. 수련을 할 때에는 뇌파진동법이라는 운동요법을 병행하는 것이 효과를 배가시킨다.

일반적으로 수면작용은 생체의 자율신경계에서 조절을 하지만, 인간은 정온동물인 관계로 수면의 온도와 산소의 결핍에서 졸음이 시작된다. 때문에 뇌에 신선한 산소 공급을 통한 뇌세포 활성과 아이디어 창출을 돕는 기회를 만들어 볼 필요가 있다고 생각한다.

내면의 잠을 깨우는 방식을 두고 일명 '뇌파 진동 테르펜 요법'이라고 필자는 말하고 싶다.

뇌세포 활성 테르펜 요법은 장기적으로 이루어져야 하며 하루 중에 행위의 횟수는 시간과 공간이 허락하는 한 여러 번 하는 것이 효과적이다.

테르펜 향이 담긴 기차[氣茶]란 단순히 약초를 희석한 액체

의 차가 아니고 고체와 액체가 향을 조화롭게 하여 생체 기능을 촉진하는 차[茶]이다.

그 기능을 보면 혈액에 산소 공급 촉진과 순환을 도와주고 면역력을 증가시키는 성분이 포함되어 있다.

희로애락, 화두(話頭)의 길을 찾다

차[茶]와 화두(話頭)는 밀접한 관계가 있다.

자연의 범위는 넓다. 넓은 자연, 그 속에는 차[茶]의 소재가 많이 있다.

직장 업무 속에서 규격화된 대화의 내용은 불가분하겠지만, 그밖에 인생사 이모저모를 말할 때는 자연을 소재로 하여 화두를 시작하는 것도 자연스럽고 순수성이 있으며 스스로를 맑게 인도한다.

사람과 처음 만난 자리일수록 차의 메뉴 선택이 중요하며, 선택된 차의 종류에 따라 분위기가 좋고 나쁨이 좌우된다. 계절 이야기부터 차의 종류 및 생산지, 생체에 있어 기능성 등으로 시작하여 치의 자리는 이야기의 분위기로 익어산다.

비즈니스에 있어서도 차의 메뉴 선택이 잘되면 손님 접대에

있어 1차로 교감이 성공한 것이다. 손님으로 하여금 차의 맛과 향을 의미하고 칭찬하면 2차의 교감을 얻고 대화가 잘 진행될 수 있는 통로가 개척되었다고 볼 수 있다.

인간은 감정을 가진 정온동물이다. 차를 마시는 방법에 따라서 냉차를 마시거나 온차를 마실 때의 감정은 다르다. 일단 생체학적으로 기능이 다르다는 것이다. 냉차보다는 온차가 따뜻한 감정과 감사의 감정을 많이 나타내며 긍정적인 감정을 유발한다. 때문에 가정이나 직장에서 손님을 맞이할 때 차의 종류와 차 달이는 것에 있어 온도를 각별히 신경 써야 한다.

특히 직장에서 상업적으로 비즈니스를 할 때에는 각별한 준비가 필요하다. 찻잔에서부터 접대에 이르기까지 하나하나가 손님의 감동을 주는 화두가 될 수가 있다. 그리하여 당일 대화가 잘 풀리고 비즈니스에 있어서도 긍정적인 점수를 받을 수 있을 것이다.

차 문화란 중국에서부터 시작되었다고는 하나 인도, 일본, 한국 각각의 나라별로 비슷한 듯싶다.

차의 맛과 기분의 좌우는 그날 일기와도 관계가 깊다. 봄철과 가을철 맑은 날이 제일 무난하나 봄철 흐린 날의 손님 접대는 대단히 신경을 써야 한다. 메뉴 선택을 잘해야 하며 손님의 의

상에 따라서 맞추는 것도 하나의 방법이 될 수 있다.

손님의 기호도를 섬세하게 맞추려고 노력을 하면 주인이 화두를 시작하는 것이 아니고 손님이 먼저 화두를 시작한다. 이러한 상황이라면 대화의 자리는 좋은 점수를 얻은 것이라고 할 수 있다. 실타래가 풀리듯 순리적으로 교감의 대화가 시작되며 부드럽게 서로의 마음을 전달할 수 있어 아름다운 기억을 남기면서 좋은 결과를 얻을 수 있을 것이다.

주인과 손님에 있어 길을 이어주는 교량 역할을 하는 부분이며, 한 잔의 차 대접을 어떻게 하느냐에 따라서 그에 수반되는 위력은 대단하다고 볼 수 있다.

희로애락에 맞는 차를 열거해 본다.

이 책에 소개하는 차는 필자가 산속에서 오랫동안 음미해본 것으로 손님들과 함께 음용을 했던 차들이다. 혹시 개인적으로 성향에 맞지 않는다 하여도 참고하였으면 한다.

당귀차

희(喜), 기쁨을 위해서는 당귀차를 권한다.

당귀는 맛은 달고 매우며 성질은 따뜻하고 심, 간, 비경에 작용한다. 피를 생겨나게 하고 혈액순환 및 피를 맑게 해주는 기능을 가지고 있다. 우울할 때 엔도르핀을 활성화하려면 혈액순환이 잘되어야 할 것이다.

당귀차는 당귀 뿌리를 건조하여서 물에다 끓여서 온차로 대용을 하는 방식이 있고, 생당귀를 반쯤 건조 후 발효하여 액상을 온차 또는 냉차로 음용하는 방법이 있다.

천궁차

노(怒), 화를 다스림에는 천궁차를 권한다.

천궁은 맛은 맵고 성질은 따뜻하며 심포, 간, 담, 삼초경에 작용한다. 피를 잘 돌아가게 하고 진정작용, 혈압 낮춤 작용 등을 한다. 천궁은 쌀뜨물을 통해서 정유 성분을 약화시키고 작게 썰어서 대추와 함께 차를 다린다. 온차를 하여서 음용한다.

박하차

애(哀), 슬픔이 있을 때에는 박하차를 권한다.

박하는 맛은 맵고 성질은 서늘하며 폐, 심포락, 간경에 작용을 한다.

풍열을 없애고 아픔을 멈추며 간기를 잘 통하게 한다. 인후가 붓고 머리 아픔에 도움을 준다.

박하차는 기존에 만들어진 분말 또는 잎줄기 등을 뜨거운 물을 통해서 온차로 마시는 방식이 매우 좋다.

칡차

락(樂), 생체를 편안과 휴식의 시간을 위해서 칡차를 권한다.

칡뿌리는 맛은 달고 성질은 서늘하며 위경에 작용한다. 땀을 나게 하고 열을 내리우며 진액을 생겨나게 한다. 플라보노이드 성분은 뇌와 관상 핏줄의 피 흐름 양을 늘린다.

칡차는 생칡 뿌리에서 즙을 짜서 직접 음용하는 방식과 칡뿌리를 잘게 쪼개어 건조한 후 조금씩 물에 끓여서 차로 음용하는 방식이 있다.

자주 끓이기 힘든 부분이 있으니 한 번에 많이 끓여 냉장고에 보관한 후 음료수 마시는 식으로 상시 복용을 해도 좋다.

이럴 땐 이런 차로 마음에 평화를

평화는 마음에 있고 마음은 평화적인 환경을 요구한다. 마음에 평화는 '힐빙'이라는 단어와 함께 사용해도 무리는 아닐 것이다. '힐빙'은 '건강하게 잘 살자'라는 의미의 토종 신조어이다. '잘 먹고 잘 살자'라는 웰빙(well being)보다 앞선 치료 개념 삶의 방법을 의미한다.

마음에 평화를 찾으려면 생활에서 여유를 가져야만 한다. 여유란 즐기는 방식에 따라서 여러 가지의 유형으로 분류할 수 있다.

그런데 현대인들의 여유란 계산의 방식이 다른 듯 싶다.

여유의 가치 1순위에 오르는 것이 돈이 많고 적음이요, 여유의 가치 2순위는 부티 생활이고, 남는 부분을 레저의 공간이라는 단어를 사용한다.

여유란 말의 표현은 무한대이다. 또한, 그로 인한 마음의 평화란 기준점이 없다.

돈에 대한 욕심이란 정도가 없다. 아무리 많이 가져도 부족한 것이 돈에 대한 욕심이다.

생활에 있어 부티난다는 표현은 자기자신의 가치를 잠시 상실할 수도 있고 바람 앞에 밝혀진 촛불과도 같은 언어이기도 하다.

삶에 있어 여유란 단어 자체는 가볍고 간단한 내용으로 표현할 수가 있다. 각자가 생활을 함에 있어 여유란 단어를 표면적으로 즐기는 자들이 얼마나 되겠는가?

여유 또는 여가의 행위는 돈만 가지고 하는 것이 아니라 즐기는 방식에 있어 여러 가지의 길이 있다고 해도 과언이 아니다. 이를 슬기롭게 즐기는 방법을 탐구해 보자는 것이다.

행복과 불행, 즐거움과 슬픔 등은 마음에서 우러나며 마음으로 조정이 가능한 부분이기도 하다.

마음에 평온을 위해서 항상 기뻐서 방방 뛰며 살라는 말은 아니다. 그것은 현실적이지 못하다. 단지 만족하면서 살아가라는 말이다.

기쁨의 정의 가운데 하나는 마음의 평온이다. 마음에서 우러나온 평온한 미소를 띤 채 미래를 기대하는 것이 바로 삶의 아

름다움일 것이다.

마음에 미인을 표현해 보자.

얼굴은 그 사람의 명함임과 동시에 브랜드이다. 자기 얼굴의 모습을 새롭게 디자인을 해보라. 얼굴의 표정은 내면의 거울이다. 심오한 정신의 깊이에서 얼굴의 표정이 우러나온다. 사람에 있어 아름다움의 기준을 말하라고 한다면 잘생긴 얼굴 모형이 아니고 얼굴에 웃음꽃이 있는 표정이 아름다움의 기준이라고 말할 수 있다.

얼굴의 모형이 미인이라고 할지라도 내면적으로 정신이 부족함을 지닌 사람은 아름다운 미인이라고 볼 수 없다.

결과적으로 외형과 내면이 조화롭지가 못하면 마음으로 평화가 있다고 볼 수가 없다. 마음의 평화란 순수한 균형의 가치 속에서 찾을 수가 있다.

환경 변화에 따른 기능 차를 마시는 지혜를 익혀보자. 기분이 좋을 때와 기분이 나쁠 때, 침실에서 부부의 사랑을 표현할 때, 젊은이들이 만나서 데이트할 때, 가을에 뒹구는 낙엽을 바라보면서 쓸쓸한 감정을 느낄 때, 봄바람이 설렁이고 설레임과 기분이 우울할 때 등으로 분류할수 있으며, 이럴 땐 어떤 차가 좋을까?

● 기분이 좋을 때와 기분이 나쁠 때

기분이 좋을 때는 꽃잎이 드리워진 연한 차로 마음을 가볍게 하는 메뉴를 선택하면 좋고, 기분이 나쁠 때에는 멘트의 향이 섞인 진한 차를 권한다. 화를 날려버리고 기분전환이 될 수 있는 확률이 높다.

● 침실에서 부부의 사랑을 표현할 때

여성은 천궁탕 차를 곁들인 와인티를 권하며, 남성은 테르펜 향의 피넨차를 와인티와 함께 마실 수 있는 분위기 차를 권하고 싶다.

● 청춘들이 데이트할 때 권하는 차

당귀차를 곁들인 스위트 와인 차를 권해본다. 산림의 자연 향과 적색 향이 나는 산머루와인은 분위기 조성에 일조한다.

혈기왕성을 촉진하는 당귀차는 와인의 안주로도 좋고 산머루와인은 가슴을 태우는 데 안성맞춤이다. 혈기왕성한 청춘이 이 차 한 잔을 나누어 마시면 가슴에서 불타오를 것이다. 내 마음의 평화를 위해서는 내가 살아가는 이유와 내가 존재하는 가치관을 확립하는 것이다.

즉, 말해서 내 분수를 알고 생활 속에서 기준선을 지켜가는 것이다.

둥근 달, 둥근 마음, 입술의 미소

맑은 날 둥근 달을 바라보자. 그리고 희망과 소원을 빌어보자. 저녁잠이 편안하게 올 것이고 소원을 빌면 좋은 꿈도 꿀 것이다.

세상을 바라보는 생각대로 달빛 속에 자기 모습이 비춰질 것이다. 둥글게 사는 이치를 깨달을 것이며, 긍정이란 단어를 새롭게 인식하고 입가에 미소가 시작될 것이다. 둥근 마음 속에 둥굴게 살아가는 마음가짐을 살펴볼 필요가 있다.

삶에서 돈이란 필수적인 생활의 소품이고 자아 가치에 일부분일 뿐이다. 돈이나 재산은 그 누구의 마음에도 남지 않는다. 그러나 숨은 적선, 진실한 충고, 따뜻한 격려의 말은 언제까지나 남는다. 배려와 타인을 위한 봉사정신은 물질보다는 마음의 씀씀이가 더 바람직스럽다.

둥근 마음의 소리는 수천 개의 채널이 있다. 내가 어느 위치에 있고 어느 채널을 맞추느냐에 따라서 자기가 들을 수 있는 소리가 각각 다르다는 것이다.

듣는 이로 하여금 분노의 소리가 들리면 몸이 분노의 태세로 바뀌고 평화의 소리가 들리면 몸과 마음은 평화와 기쁨으로 바뀐다. 당신은 지금 어떤 채널에 맞추어져 있는가를 점검해보라.

미래적이며 긍정적인 밝은 소리가 들리는 채널을 찾으라. 입가에 웃음을 만들자. 웃으면 복이 온다 하지 않든가.

자기의 표현은 입에서 시작해서 입으로 끝을 맺는다. 입은 작지만 역사를 만들기도 하며, 현대 사회를 창조하기도 하고, 대중을 이끌기도 한다. 다같이 건실한 입을 만들어보자.

달 같이 맑고 따뜻한 미소를 입가에서 표현해 보자.

입술은 위대하면서도 작고 소중한 소품이다.

앵두같은 입술, 남과 여가 감미롭게 사랑을 나누는 입술, 말 한마디에 천냥 빚을 갚는다는 속담도 있다.

말[言]을 만드는 곳이 입이다. 입술의 기능은 참으로 중요하면서도 고귀하다. 말[言]은 하룻밤에도 천리길을 갈 수 있고, 만리장성도 쌓을 수 있으며, 우주를 지배할 수 있는 상상력과 힘을 가질 수 있는 것이다.

이런 상상의 힘은 자기 자신의 기운이며 자기 내면의 내공과 입속에서 나오는 말이며 이중에서도 실현이 가능하고 실천이 가능한 말이 많이 있다.

도덕적인 말은 간추림을 이행하는데 있어 현대인인 우리가 해야 할 사명감이요 책임이라고 할 수 있을 것이다. 말을 현실화하는데 현명하게 대처해 나가는 방법을 탐구해야 할 것이다.

웅변대회 또는 강연장에서 연사가 말씀 도중 목이 마를 때 물 한모금을 마시면서 입술을 촉촉이 적신다. 사무실에서 회의 도중 또는 손님과 대화 도중에 말문이 막히거나 입술이 마를 때 우리들은 차 한 잔으로서 생각의 시간을 가지면서 명쾌한 발상이 떠오르기를 기대한다.

차 한 잔의 힘은 대단하며 그 힘의 위력을 활용할 수 있는 범위가 넓다는 것이다. 인간은 정온성과 동시에 감성을 가진 이성적인 동물이다.

따뜻한 것을 좋아하고 입술을 촉촉이 적시면서 생각을 가장 많이 하며 깊은 생각을 하게 된다는 것이다. 그래서 사랑은 입술에서부터 시작하고 입술에서 그 사람의 마음을 훔치는 과정이 아니던가. 차 한 잔이 보잘 것 없다고 생각하면 보잘 것 없고 의미가 크다고 생각하면 큰 것이다. 차 한 잔의 의미는 입

술을 적시며 가슴으로만 와 닿는 것이 아니고 차 한 잔은 입술을 적시는 것과 동시에 두뇌를 움직이는 중요한 기능이라고 생각을 해야할 것이다.

오미자의 맛과 사람 사는 맛

자연이란 의미가 무엇일까?

자연의 숲 속에서 풀잎 끝에 이슬방울이 맺힌 것을 본 적이 있는가? 풀잎은 끝에 맺힌 이슬 한 방울을 먹으려고 밤새도록 고독과 싸워야 하는 순환을 되풀이한다.

현대사회에서 현대인들은 누구나 한 번쯤은 자연인이 되고 싶어 한다. 그러나 이런저런 사유 때문에 그저 생각에 그칠 뿐 실행에 옮기기는 쉽지 않다.

오미자의 맛은 5가지의 맛을 낸다 하여 붙여진 이름이다. 백두대간 지역에서는 많은 농가들이 재배를 한다. 간혹 자연산을 채취하여서 열매는 말려서 차와 발효 음료로 활용하기도 한다. 성분은 스키잔드린이 들어 있고 이물질들은 주로 씨의 껍질에 들어 있다. 유기산으로는 레몬산, 사과산, 포도주산 등이다.

약성은 맛은 시고 성질은 따뜻하며 폐, 신, 비경에 작용한다. 주로 기와 폐를 보하여 기침을 멈추며 신을 보하고 정도 보하며 눈을 밝게 한다.

오미자의 음료는 필자가 좋아하는 음료 중의 하나이다. 맛과 영양 면에서도 좋지만 사람이 살아가는 환경을 대변해 주고 일반인들이 삶에서 겪는 고초도 함께 하고 있어 많은 이들의 삶은 오미자의 맛이라고도 표현하기도 한다.

50세를 살아온 이들이 말하기를 인생살이 쓴맛, 단맛, 신맛, 짠맛, 떫은 맛 등을 다 맛을 보았다고들 한다.

인생에 있어 삶은 오미자의 맛과도 같을 수가 있는 듯 싶다. 그렇다면 사람 사는 맛은 어떤 형태가 있을까?

인간에 있어 삶이란 여러 가지 형태와 사람 사는 맛이 있으리라. 그중에서도 자연 속에서 자연인들이 살아가는 모습을 담고 싶습니다. 어떻게 하면 자연인이 될 수 있을까?

자연인이라 함은 무엇을 행하는 자를 말할까. 여기 초인이 될려고 하는 사람을 잠시 들여다보자.

백두대간 방태산에 살고 있는 그는 왜 자연인이 되려고 하며 깊은 산속에서 자연과 벗삼아 자연림의 향기에 취해 자연과 대화를 나눌까. 스스로 정화 기능이 가능하다는 원시림 자연 속으로 마음을 비우면서 입장해보자.

설악 줄기의 방태산(1443m)은 야생식물의 다양성과 원시림이 보존되어 있는 우리나라 최고 오지 중의 오지로 국내 제일의 청정 계곡 내린천의 발원지가 있다. 자연인의 가족은 3명이고 거주 건물도 자연 그대로이다. 물론 전기도 TV도 없다. 그런데 특이하게도 전화는 있다. 핸드폰은 당연히 소통이 안 되는 지역이기도 하지만, 전자파 관계로 거절의 사유 1호이다.

필자도 도시에 있을 때는 이런 곳에서 이렇게 생활을 하고 싶어 했다. 그러나 가족도 있고 이런저런 이유 때문에 실행을 못한 부분이다.

그가 살고 있는 곳을 몇 번 찾아가서 그와 대화도 나누어 보았다. 순수성 자체이며 복잡한 사회에서 실연과 스트레스를 맛본 듯싶었고, 그것을 해소하는 듯도 보였으며 흙과 식물을 벗삼아 사람의 이치를 깨우치는 듯한 자연초의 냄새가 풍겼다.

자연의 생활은 화려하지는 않지만 행복하다고 표현을 하면 아름다울 것이다.

자연인 그는 특정 종교에 의해서 도(道)를 수행하거나 다른 종교적으로 수련을 하고자 하는 사람도 아니다. 일반 가정 속에서 순수성을 탐구하면서 가족들과 함께 행복하게 살아가는 방법을 수련하는 듯 싶었다. 먹는 것은 육류 섭취는 줄이고 채식을 위주한 일반 밥상이다.

이들 가족이 살아가는 방식에 관해서 계속 생각하고 있는 중이며 자연인이란 연구는 계속될 것이다.

보통 사람들은 자기가 가고자 하는 길이 울퉁불퉁하기 때문이라고 불만족을 많이 표시를 한다. 그리고 걸어 보지도 않고 자포자기를 하는 경향이 많이 있다. 여기에서 우리는 도전의식을 재점검해볼 필요가 있다고 생각한다.

아무리 멀고 긴 길도 걷다보면 도로의 사정이 다 다르게 되어있다. 사람들은 저마다 높은 이상을 품고 있으며 누구나 한때 꿈을 좇아 힘든 여행을 떠나본 경험이 있을 것이다.

그러나 대부분 길이 울퉁불퉁하다는 이유로 결국은 포기를 하고 만다. 인생이 순풍에 돛단 듯 마냥 순조로울 수만은 없다.

그 꿈을 좇는 우리들의 삶의 여행도 마찬가지이다. 작게는 가정생활에서도 소통의 자리를 많이 만들어보자.

요즈음은 가족과 뭔가를 함께하는 기회가 줄어들어서 가족들이 모두 모여서 식사를 하는 식탁은 대단히 중요한 자리가 되었다.

식탁에서 소통의 기회를 가져보자. 가족 간에 화목의 자리라는 이름을 붙이고 에너지를 섭생하면서 상대의 기운을 받아보자. 서로가 따뜻한 감성을 새삼 느낄것이고 행복이란 단어가 마음으로 방문하게 될 것이다.

삶의 욕구는 때로는 무모한 도전을 요구한다. 백사장 같은 하얀 사막에 나무를 심는다는 것은 어리석은 바보나 할 수 있는 유일한 일인지도 모른다. 그러나 그것을 알면서도 사막에 나무를 심는 사람들은 도대체 무슨 생각을 하고 있는 것일까. 도전이라는 단어는 인간과 무슨 관계가 있을까? 사람이 살아가면서 왜 필요성을 느낄까? 도전이란 실행을 앞두고 살얼음을 밟는 과정이라고 할 수가 있다.

그러나 미래를 위하고 내일의 비전을 위해서는 거쳐야 하는 시험대이며 성공적 완수를 위한 과정일 뿐이다. 바보와 어리석음이라는 이야기가 있다.

바보는 그 자신의 내면에 강력한 힘이 내포되어 있다. 다만 외부적으로 바보라는 이름으로 포장만 되어 있을 뿐이다. 어리석음은 외면으로는 바보처럼 초라해 보여도 내면으로는 실리적인 계산이 완료된 위장술이 포함된 단어이다.

인간의 삶은 두뇌가 명석하고 덕망에 있다고 하여도 바보와 어리석음의 한계를 넘지는 못한다. 고로 사람의 생활은 어리석음의 연속이다.

새로운 길을 개척한다는 것은 봉사라는 단어로 의미한다. 가고자 하는 길에서 첫발을 딛는 자와 그 뒤를 따라가는 자, 그리고 그 길을 넓히는 자와 그길을 포장하는 자, 포장된 길을 문명이란 동력을 통해서 편하게 가는 자 각각이 다르다.

첫걸음에 가시밭길을 딛는 자와 그 뒤를 따르는 자는 목표와 목적이 다르다. 첫발을 딛고 개척하는 자는 그 결과물에 의한 보상이 없다 해도 자기 스스로가 시작한 일이니 원망이나 결코 잘못되었다고 말하지 마라. 우주 속에 자연의 한 조각일 뿐이고 삶에서 부분적 순리일 뿐이다. 필자가 산속 생활에서 느낀 점은, 사람은 자연과 더블어 살아가기 때문에 그 환경을 존중하며 그 순리에 적응할려고 노력을 해야 한다는 것이다. 결과적으로 나의 존재는 자연의 일부분이라는 것이다. 녹색은 사람 사는 맛을 나에게 깨닫게 해주었다.

녹색이 숨쉬는 자연 속에서 봉사라는 의미를 새롭게 생각해본다.

자연 발효를 마친 산머루 열매와 다래 열매를 안주 삼아서 더블차를 마시는 기법이다. 자연인과 산머루와인 더블차라는 표현을 한 것은 자연인은 쉽게 접하며 응용하면서 맛을 음미할 수 있으나 일반인들이 쉽게 접하기에는 입맛이 맞지 않는 부분이며 자연인이 되어보는 노력과 자연인의 생활 체험도 필요한 부분이어서 소개하는 과정으로 열거해 보았다.

순수한 마음과 생각 속에서 산머루와인 더블차를 진정하게 음미할 수가 있다는 것이다.

자작나무 희망과 잎새의 소망

자작나무

자기 스스로 만드는 나무라는 표현이다.

인간은 태어나면서 이 땅에 나무 한 그루를 심는다. 그리고 그 나무에 자기만의 고유한 이름이 붙여진다. 동시에 생존을 향하여 방법론을 찾고자 각각의 몸부림이 시작된다. 자라서 장차 어떤 재목이 되는지는 수십 년의 세월이 흘러서 제 모습을 나타나게 된다는 이야기이다.

사람은 엄마 뱃속으로부터 잉태한다. 그 이후 자작나무는 스스로 만들어간다는 의미이며, 스스로 사람다움을 만들어 갈려고 고뇌와 번뇌를 하면서 스스로와 싸움을 하는 인고의 세월을 보내고 있는 것이 우리네 삶이 아니던가.

자작나무는 미래 희망을 갖는 설계도로 표현하기도 한다. 희망의 설계도와 동시 보증수표가 있는 여행의 길잡이라고 표현하고 싶다. 그 열매로 맺어진 자작나무의 작은 소망… . 누구나 한 가지씩 작은 소망의 씨앗을 간직하면서 살아간다.

우리 모두 마음 깊은 곳에 한 그루의 나무를 심어보자. 마당 앞 정원에 자기와 닮은 한 그루의 나무를 심고 관심을 가져보자. 또한, 백지장에다 마음에 담았던 한 소절의 글을 자작해서 나열해보자.

나무는 사람들에게 무한한 인내력을 가르치는 듯싶고, 사람의 생활에 있어 큰 기둥이 되어주는 듯싶다.

나무는 춘하추동 4계절 인고의 시간을 보내면서도 그저 말이 없다. 여름철 그 더운 햇살을 받으며 싱그럽게 웃고 겨울철 살이 아릴 만큼의 추운 기온에도 옷조차 벗은 채 그냥 말[言]없이 서 있기만 한다.

나뭇잎은 바람이 불면 방긋방긋 웃으면서 손짓을 하기도 하고 재롱도 피우기도 한다. 때로는 가지 전체가 휘어지면서 춤사위를 하곤 한다. 나뭇가지가 바람에 흔들리고 춤사위를 하는 행위는 나무로서의 생리적 역할을 철저하게 수행을 하고 있는 중

이라는 것이다.

인간 생활에 있어서도 자연의 원리를 백번 배워야 할 부분이기도 하다. 자연의 원리를 설명하자면, 생활에 있어 항상 미소를 짓고 남을 위한 따뜻한 배려와 때로는 자기 자신을 낮추면서 머리를 땅에 조아릴 줄도 아는 넓은 도량을 가져야 한다는 의미이기도 하다.

무식이 용감하다고 굽힐 줄 모르는 경우가 사회에 만연되어 있다. 자연과 화학적인 논리에 의하면 강한 성질을 가진 분자구조일수록 재료의 피로도가 높다는 것이다.

이 물질은 피로도 누적에 의한 곧이어 절단이 된다는 논리이다. 조직사회일수록 센스가 필요한 부분이다.

센스란 조직사회의 윤활유와 같은 물질로 절적히 활용할 필요도 있고, 핵심적일 때에는 키워드가 될 수도 있다. 무언(無言)과 센스는 생활에 있어 필수 사항인데, 그 원리를 나무와 나뭇잎의 작용에서 벤치마킹을 하는 기법도 새로울 것이다.

필자는 종종 생활의 지혜를 얻는 방법으로 나뭇잎을 통하여 아웃소싱의 방법을 통해 맑은 기운을 받아드리곤 한다.

필자가 관찰한 나뭇잎의 지혜란, 탄성과 소성의 원리, 잎사귀의 센스, 굽힘(낮춤)의 철학, 환경에 따른 색상 변화 적응, 계절

별로 갈아입는 옷의 성질 등을 관찰했다.

나뭇잎의 소망이란 나뭇가지 중에서도 새롭게 피어나는 새싹을 말함이고 그 새싹은 색상조차도 싱그럽다. 그 싱그러운 잎 속에 자신의 소중한 꿈과 희망을 담는다는 것이다. 그럼으로써 미래에 새로운 길이 열리고 새로운 생각이 창출될 것이다.

연구실 앞에는 여러 종류의 수종이 있으며 나뭇잎의 종류도 여러 가지의 형태를 가지고 있다. 나뭇잎의 4계절을 관찰하고 있노라면 삶에 있어 순수성과 진리를 깨닫게 하는 길을 인도해 주는 듯싶다.

일명 나뭇잎의 진리라고 표현을 할까! 자연의 생태 구조란 청순하면서도 아름답다.

필자의 삶도 저와 같은 모습으로 살아갔으면 좋으련만 현실의 삶에서 실행에 못 미쳐 아쉬움을 더할 뿐이다.

도시인들은 조급증이 관습처럼 되어 생활 속에 한 틀이 되어가고 있다. 기다림이란 단어가 먼 나라 이야기인 듯하고 후진성이라는 표현으로 대신하고 있다.

조직사회에서 빨리와 한발 앞서는 행동을 요구한다. 한발 앞서는 길에서는 여유가 없고, 빨리 가고 서두르는 길에서는 깊이가 없어 보인다.

어느 때부터인가 음식을 천천히 먹자는 표현으로 슬로우 푸드라는 단어를 많이 사용하고 있다. 현대사회 생활 중에는 기다림이란 단어가 필요하다고 많은 분들께서 입을 모으기도 한다. 왜 우리들은 느림과 기다림이라는 것을 찾을까?

조급증의 대표적인 사례로서 어떤 일을 시작하자 곧 기간 내 성과물을 제출하라는 웃지 못할 해프닝이 현사회 일각에서 일어나고 있다. 이런 결과물은 말이 말을 낳고 말로서 일을 다 해버리는 일들이 다반사인데, 용두사미란 말을 다시 한번 생각하게 한다.

제목은 있는데 내실이 없고, 시작은 하는데 과정의 공식이 미약하고 책임도 없다. 그냥 갈팡질팡이라고나 할까. 지시에 따라서 움직이기는 하는데 중심도 없고 의지조차도 없이 많은 일들이 행해지고 있다.

성과 있고 튼튼한 결과물을 요구한다면 수행의 시간과 인고의 기다림이 필요할 것이다. 예를 든다면 공사를 함에 있어 공사 기간을 단축하는 것만이 우수한 능력이 아니라는 말이다.

우량의 성과물 조건은 공기를 단축하는 것보다는 향후 재공사가 되지 않도록 하는 것이 올바른 성과물이라고 할 것이다.

사업에 있어 일이란 말로써 하는 것이 아니라 설계도에 의거한 기능적으로 세심하게 행동으로 옮겨야 한다. 그리고 실행에 있어 말은 가급적이면 아껴야 하고 내부에서 제 기능을 잘할 수 있도록 에너지를 보내주는 역할이야 말로 관리를 잘한다고 볼 수 있다.

삶을 살아감에 있어 방법은 여러 종류가 있다.

국가적인 큰 규모의 프로젝트, 개인적인 작은 규모의 프로젝트, 농부의 삶처럼 작고 아담한 행복의 프로젝트 등이 있을 것이다. 무엇보다도 중요한 것은 프로젝트란 실용과 포용과 내실이 있어야 하고 실리적으로 조용히 진행이 되어야 한다는 것이다.

사람의 생리 기능은 나무의 생리 기능보다 다소 떨어진다고 할 수 있다. 나무의 생리적 기능은 피드백의 논리에 의한 자연순환적인 생화학적인 활동으로 에너지를 생산한다는 것이다. 나무는 웬만한 폭풍우에도 스스로 감내를 잘한다. 그 이유는 사전에 인지 능력이 있다는 것이다. 자연과 기후 변화의 인지력 말이다. 우리네 사람들은 인내력이 부족하다. 경제가 조금 나빠서도 흔들리고 태풍과 시련이 오면 정정당당히 맞서려 하지 않고 아픔이 닥칠 것만 고민에 잠긴다는 이야기이다.

삶은 아픔의 연속이다. 시련을 정면으로 해결하려고 하는 노

력이 필요하다는 것이다. 그리고 항상 미래의 밝은 꿈만 가질 것이 아니고 다가올 자신에 미래에 있어 어두운 꿈과 결점에 관하여 보완과 대처를 할 수 있는 능력을 길러야 한다는 것이다.

사람의 삶은 자연과 상생하면서 살아간다. 어차피 피해갈 수 없다는 이야기이고 인생에 있어 숙명적으로 해결할 과제이기도 하다. 삶에서 역경이란 시련은 실시간으로 찾아온다.

태양의 열기에 의해서 목마름의 갈증이 주어지고 그때야 비로소 물의 귀중함과 한 모금의 달콤한 물맛을 맛보리라. 항상 흘러가는 물은 물같이 바라보는 이도 없다. 우리는 평상시 자연에 의한 부산물들에 관한 감사와 이해도가 낮은 듯싶다. 어차피 사람의 삶은 자연과 더불어 살아야 한다. 자연의 순리와 함께 물맛 나는 세상을 살아봄이 옳지 않은가.

삶의 갈증이란 목이 말라야 비로소 그 앞에 고개를 숙이는 관습을 가졌다. 평상시 준비성과 기다림이라는 여유의 관습도 가져볼 필요가 있다고 생각한다.

정리를 하자면, 사람들은 인고의 시련 앞에서 감내를 하기보다는 편안한 실상을 좋아하고 나무들은 인고의 시련을 정면으로 슬기롭게 잘 극복하는 듯싶다.

사람의 생활과 나무의 생리를 비교하여서 다소 부끄럼은 있으나 요즘같이 어렵다고 하는 시기에 그저 바라만 보고 좌절을 할 수는 없지 않은가! 한 그루의 나무처럼 나무 내면의 기능적 지혜를 나의 생활 일부분에 적용을 하여 새로운 희망을 향한 나만의 소망을 열매로 맺어 보자.

자작나무(봇나무)

깊은 산속에서 나는 낙엽활엽수로서 높이는 20m를 넘는다. 비교적 곱게 자라 올라가며 수피는 희고 수평 방향으로 벗겨지기 쉽다. 잔가지는 처음 보랏빛을 띤 갈색빛이었다가 시일이 지남에 따라 점차 흰빛으로 변한다. 잎은 서로 어긋나게 자리하고 있으며 세모꼴에 가까운 달걀꼴로서 길이는 5~7cm이다. 잎끝은 점차적으로 뾰족해지고 잎맥이 뚜렷하며 가장자리에는 크고 작은 톱니가 혼합된 상태로 배열되어 있다. 작고 많은 꽃이 원기둥꼴로 뭉쳐 늘어진다.

꽃잎은 없고 수술과 암술만이 뭉쳐있으며 빛깔은 노란빛을 띤 초록빛이다.

분포는 중부 이북의 지역에 분포하며 깊은 산의 양지쪽에 군락을 이루며 산에서 나는 자연산 나무와 집 주변에 식제되어 있는 재배의 나무로 구분할 수 있다.

수피를 약제로 쓰며 성분은 베틀린, 트리테르페노이드, 가울테린 등이 함유되어 있다. 약효는 이뇨, 진통, 해열, 해독 등의 효능을 가지고 있다.

적용 질환은 편도선염, 폐렴, 기관지염, 신장염, 요도염, 방광염 등이고 류머티즘이나 통풍 피부염은 약재를 달인 뜨거운 물로 찜질을 한다.

용법은 말린 약제를 1회에 8~10g씩 200cc의 물로 달여서 복용을 한다.

자작나무는 이른 봄에 수액을 채취할 수 있는데, 수액의 맛은 부드럽다.

자작나무를 생활에 응용하는 사례

자작나무의 성질은 물에 강하다는 것이다. 다시 표현하자면 물을 잘 흡수하지 않는다. 물이 잘 닿는 곳에 구조물을 해 놓아도 쉽게 변화가 오지 않으며 수명이 오래간다는 것이고, 그래서 서양에서는 자작나무로 다리를 건설한 사례도 있다.

자작나무를 활용하여 욕조를 만들어도 좋으며 자작나무 가지와 잎은 목욕을 할 때 이용을 해도 좋다.

이용 방법은 사우나를 할 때 수분과 함께 몸을 마사지하는 형이 있고 잎으로 몸을 두드리는 형식이 있다. 이 행위는 현재 필란드에서 많이 사용하고 있는데, 필자는 오래전부터 사용을 해오던 방식이다.

이 행위에 있어서는 부분적으로 기술이 필요하다.

① 사우나실 내부의 형식이 습식 구조를 갖추고 있어야 한다.

② 공간은 3~5평 사이가 적절하며 가능한 자연이 보이는 창을 만들어 주는 것이 중요하다.

③ 실내온도는 50도에서 90도 사이로 하되 체질에 따라 맞춤형을 권한다.

④ 나뭇가지로 몸을 마사지할 때는 약초 물을 곁들이면 효과가 좋다.

⑤ 나뭇가지를 쪼개어 물에 담구어서 자작나무의 향을 맡도록 한다.

⑥ 사우나를 할 때는 온, 냉욕을 곁들이는 것이 효과적이다.

야외 바비큐를 할 때 접목해 보자.

① 일차로 일반 숯으로 불을 피우고 그 위에다 자작나무 숯을 올려놓고 고기를 굽는 형식을 해보자.

② 고기를 구울 때 나오는 연기는 건강에도 도움을 주는 기능이 있으므로 잘 활용을 하여 사용해보자.

③ 이 과정을 통하여 구어지는 고기의 맛은 고기 냄새를 없애고 자작나무 향이 풍기므로 고기맛이 새롭다.

생활에 접목을 해보자.

자작나무에서 추출되는 성분을 함유한 껌은 치아 건강에 좋다. 자작나무의 성분은 물로 추출하여 양칫물로 사용하는 습관을 가져보자.

제2장

현대인의 삶, 기다림 라이프

숲은 숲 자체로서 아름답다.
보는 이로 하여금 모두다 파랗게 보인다.
대한민국 만 원권 지폐의 색은 녹색이다.
필자가 숲을 바라보고 있노라면 모두가 돈으로 보인다.

내 안에 잠재된 거품을 비우자

누군가가 나에게 인생이란 무엇이냐고 묻는다면 나는 빛[光]의 주인이라고 말하고 싶다.

'그대의 삶 중에서 그동안 무엇을 얻었소?'라고 묻는다면 무소유의 가치를 얻었다고 말을 하리라. 삶이란 잠시 공간을 빌려쓰고 돌려주고 가야 하기 때문이다. 생활에서 빚은 적당히 활용을 해야 하는 원칙이 있다. 생체에 필요한 에너지원을 제공하는 태양의 빛이 있고, 삶에서 타인에게 신세를 지는 마음의 빚이라는 것이 있다. 우리 누구도 빚에 관하여는 자유롭지가 못할 것이다. 단지 정도 속에서 균형적인 배려의 정신이 필요할 것이다. 마음을 비우고 자세를 낮추자. 그리고 주위를 돌아보자. 높이 오르는 자는 오를수록 주위를 잘 살펴야 할 것이다.

동시에 내려가는 길을 잘 살펴야 하고, 자연의 이치에서는 오르는 것보다 내려가는 길이 더어렵다는 것을 실물론에서 입증을 한 바도 있다.

비상을 할 수 있는 공간이 있었으면 안착을 할 수 있는 공간도 필요하다는 이야기이다.

삶의 상법에서는 퇴로가 없는 공격의 전술은 실패와 동시에 죽음을 의미할 수가 있다.

돈과 지식, 명예적 지위가 높다고 자만하지 말라. 그와 같은 물질들은 한낱 비누거품에 불과한 것들이다. 모두가 투명하게 보이며 허공에 잠시 떠있을 뿐이고 사람이라면 앞으로 가야 하는 길에 수순처럼 보여진다. 인간은 독불장군이 없고 천상천하 유아독존도 없다.

정상적인 생체에 있어서도 몸속에는 거품이 많이 생긴다. 일명 생산 후 부산물인 가스라고 표현을 해도 좋을 듯 싶다. 자가조절을 통한 가스 배출은 중요한 기능을 가지고 있고 평소의 관리에 따라서 생체에 영향을 미치곤 한다.

생체에 있어서도 종종 발생하지만 생활에 있어서도 더더욱 많이 발생을 한다. 항상 자신을 비약하지 않는 선(線)에서 스스로 정화의 기회를 만들어야 할 것이다.

내 안에 잠재된 거품을 어떻게 하면 비울 수가 있을까?

우리 몸의 수뇌부인 뇌를 활성할 수 있는 기법을 찾아보자.

대뇌피질이 안정되고 대뇌변연계의 활성화에 도움을 주는 운동을 해보자. 우선 목을 좌우로 가볍게 흔든다. 어깨도 아래위로 털썩털썩 흔든다. 이어 몸 전체를 상하로 가볍게 진동을 주면서 흔든다. 또한 목을 흔들때마다 복잡한 생각과 감정들이 모두 떨어져 나간다고 상상하면서 흔든다. 몸의 느낌에 집중하면서 계속 흔들면 몸에 흐르는 일정한 리듬을 찾게 된다.

이 운동을 실행함에 있어 주의 사항이 있다. 처음부터 무리하게 운동을 하면 목관절 및 목디스크를 초래할 수 있다. 운동 실행에 앞서 반드시 준비운동을 해야 한다는 것이다. 초기에는 1일 10분 정도씩 하고 1~2개월 숙련이 되면 20분씩 조금 빠른 속도로 진행을 해도 무방하다.

계속해서 운동을 하게 되면 경직된 몸이 편안하게 이완이 되면서 온몸이 저절로 움직인다. 또한, 생각이 끊겨, 호흡과 심장박동을 조절하는 생명 중추인 뇌간이 활성화되어 자연 치유력이 향상되는 과정이라 할 수 있다.

현대인들은 과거의 시대보다 뇌에서 처리해야 하는 정보량이 크게 늘어난 탓에 대뇌피질을 편향적으로 과도하게 사용해야 하는 환경에 처해 있다. 몸이 부드러우면 뇌의 활동도 원활해진다.

순수 뇌파 상태로 마음이 지극히 평화로워지고 창조력이 샘솟을 수가 있다.

일정한 기간을 통하여 수련을 하고 나면 뇌파 기능(강・약)에있어 조절이 가능하다. 이런 행위를 계속 반복하면 순수 뇌파 상태에서 특별히 의도하지 않아도 우리 뇌에 잠재된 창조적인 에너지가 발현된다. 마음을 다스리려면 정신이 맑아야 한다.

즉, 말해서 뇌파가 새롭게 움직여야 한다는 것이다.

사람은 1가지 부실한 장기와 1가지 바보스러운 면과 누구나 평등한 행운의 운명을 가지고 태어났다고 다수인들이 이야기를 한다. 때문에 자기 스스로 부족한 부분은 타인에게 의지하면서 살아가는 것이 사람의 길이 아닌가 싶다. 사람은 서로 기대면서 살아간다는 의미가 있기도 하다.

자연 환경에서 풍수는 그 사람이 살고 있는 집이나 공간을 집주인과 조화를 맞춰서 부조화를 조화로운 쪽으로 좋게 하기 위함이며, 공간과 땅의 기운을 빌리는 수단이다.

명리는 흔히들 사주팔자라고 하는데, 이를 통계학으로 본다면 사주는 방편을 찾으면 될 사안이고, 팔자는 자기 본인 스스로의 기운 속에 스스로가 만들어가는 것이라고 표현할 수가 있겠다.

지구상에 있는 모든 동식물은 해와 달, 그리고 땅의 기운을 받는다.

자연으로 하여금 기운을 받는다는 것은 의미가 깊다. 특히 이성을 가진 존재인 사람들은 필수적으로 자연의 기운을 받아야 한다는 것이다.

겨울철 양지녘에 앉아서 태양의 기운을 받아보라. 산삼 몇 뿌리를 먹는 효험이 있을 것이고 이때 직사광선보다는 간접광선을 받는 것이 좋다. 방법은 유리를 투과시켜 빛을 받으면 자외선이 원적외선으로 바뀌어서 비타민의 효과를 볼 수도 있다. 태양의 빛을 받고 있노라면 디오게네스의 일화가 생각나곤 한다. 알렉산더대왕께서 "당신 소원을 다 들어 줄테니 말하시오."라고 했을 때 "나의 소원은 햇볕을 보는 것이요."라고 말하였다고 한다.

자연의 기운 중에서도 제일 많이 활용하는 것이 태양광이라고 할 수 있겠다. 현재로서는 삶에 있어 인간은 태양을 저버릴 수가 없다는 것이다.

세상사에서 만사형통이라. 즉, 마음먹기 달려서 자기가 하고 싶은 일은 다 이루어진다는 이야기이다. 그러나 현실은 그렇지 못하다.

생각하고 마음먹은 대로 일이 다 이루어지는 사람이 몇 %나 되겠는가? 머리가 뛰어나고 열심히 노력해도 일이 잘 이루어지지 않고 꼬여만 가는 사람도 있다.

그래서 우리는 운명이라는, 여운을 남기며 보이지 않는 기운에 의지하며 미신이라는 기운을 빌려보기도 한다. 미묘한 것은 사주에 있어 명리학은 통계학이기도 하나 신통하게도 그 사람의 가는 길을 인도하고 있고, 이미 가서는 안 되는 일, 해서는 되는 일 등을 알고 있다는 것이고 그리하여 이 길을 어기고 자기 고집대로 하다가는 실패의 길을 연속적으로 맛을 본다는 것이다.

사주팔자는 타고난 운명이라고 했다. 그중에서도 사주는 명리학적으로 피해갈 수 없는 길이므로 잘 다듬어야 된다고 했으며, 팔자 또한 정해진 바는 있으나 스스로의 노력 여하에 따라서 만들어간다고 했다.

삶의 인프라, 자연 리듬과 생리법칙

성공을 향한 동반자를 찾자.

내 안에서 나를 기다리자.

내 안에 있는 나의 주인을 찾아 성공의 길을 걸어보자.

길을 걷노라면 배려의 기다림과 감사의 기다림이라는 길을 마주친다.

삶에서 … 정류장을 만난다. 한 번쯤 어디론가 옮겨가기 위한 대기의 공간이 주어진다. 이 순간 배려와 감사라는 단어를 잘 활용하여야 하고, 곧 긴터널을 통과할 때는 인고의 지혜를 발휘한 채 균형을 잃지 않아야 한다. 이것이 성공을 위한 자연 리듬의 첫 관문이기도 하다.

현대인들은 성공이라는 고지를 두고 밤낮을 가리지 않고 점령을 할려고는 하나 쉽게 점령되지는 않는 듯싶다. 성공이라는 고지를 점령하려면 규칙을 익혀야 한다. 즉, 말해서 공식이 있다는 말이다. 육군 훈련 상황에서 고지 점령을 위한 각개전투라는 코스가 있다. 이 방식에도 고지 점령을 위한 공식이 있다는 것이다. 공식을 잘 익히고 철저하게 훈련을 한 자만이 고지를 쟁탈할 것이요 그렇지 않은 자는 스스로 죽음의 길을 선택하게 될 것이다.

우리가 살고 있는 사회라는 환경도 치열한 경쟁의 사회이다. 그렇기 때문에 어쩌면 삶의 전쟁이라고 표현하기까지도 한다. 총칼만 들지 않았을 뿐이지 전투의 현장이기도 하다. 그래서 사회에서 고지를 점령하려면 철두철미한 준비성이 있어야 하고, 그에 맞는 공식을 찾아서 습득을 해야 할 것이며, 피와 땀이 어린 수련을 견비해야 할 것이다.

사회에 있는 공식이라 하여 흔하게 있는 방식을 사용하여서는 경쟁에서 가치가 없다. 희소성과 난이도가 있는 공식을 접하고 그것을 소화하려고 노력을 해야 할 것이다. 그래야 비로서 1차 관문을 통과했다고 말할 것이며 2단계로 갈 수 있는 자세가 되었다고 표현을 하기도 한다.

필자가 산속에서 고안하여 생활에 접목을 한 사례이다. 이름하여 자연 리듬의 성공이라는 공식이다.

'소리+빛+생태 생리+나무+숲'

이것을 놓고 스스로 풀어보라.

얼굴 주름에 맺힌 땀과 눈물을 굽어보자.

꿈을 이룬 사람들의 웃는 얼굴을 본다.

당신 내면의 주름살에는 숨어 있는 땀과 눈물의 흔적을 볼 수 있었다. 당신이 웃고 있는 입가에서 태양같이 뜨거운 갈마름을 보았다.

사람들은 말한다. 그 자리에 오르는 과정이 편하게 오른 것처럼 말이다. 그 과정의 이면에서 겪은 고통은 체험을 해보지 않은 사람으로선 상상도 할 수 없는 일이다.

비록 그들이 성공을 이루어서 겉보기에는 행복해 보이지만 그들 역시 우리와 다를 바 없이 남모를 고통과 슬픔을 겪고 있다는 것이다.

제주도에는 올래라는 순례의 길이 있다. 자신의 뒤안길을 고뇌를 통한 뒤돌아본다는 의미이다. 그리고 새롭게 미래를 맞이하면서 자신의 길을 새롭게 찾아본다는 의미도 있다. 숲의 공간에서 느끼는 점이다.

숲 속에서 생리의 법칙이란 자연스럽다는 것이다. 그 의미는 이렇다. 모든 것은 스스로 해결해야 된다는 생리적 존재 규칙이 있었다.

땅에서 뿌리를 내리는 것도 씨앗에서 발아를 하여 새싹이 나고 성장을 하면서 주변과의 경쟁에 있어서도 주변에서는 아무도 도와주지를 않는다는 것이다. 그리고 특성 있다면 도와달라고 부탁도 없다는 것이다.

숲을 통하여 사람들이 배워야 할 부분이 바로 이 점인 듯싶다. 독립심과 자기 생존력과 생활 면역력을 증강시키는 수련이 필요한 듯싶다.

더욱더 본받아야 할 부분은 주변에 있는 환경 정화를 스스로 한다는 것이다.

이것이 사람 사는 환경과 숲의 환경이 다른 듯싶다.

사람으로서 사람다운 구실을 하여야 비로서 사람이라고 말을 할 수가 있을 것이다. 사람다움의 기준은 생활환경을 정화할 수 있는 기본을 배우는 것이다. 그리고서 사람다운 가치를 배워야만 사람으로서 기본이 되어 있다고 말을 할 수 있을 것이다.

구겨진 마음을 다림질로 펴다

성공의 단맛을 체험한 자, 실패의 쓴맛을 체험한 자, 아니면 이도 저도 아직도 맛을 보지도 못한 자… .

인생의 시작은 실패의 맛을 본 후부터의 참다운 인생의 맛을 볼 수 있을 것이다.

단맛과 짠맛은 직접 체험을 해보는 것이 인생다움을 피부로 느끼는 값진 수업의 기회가 될 것이다. 한두 번의 실패를 했다고 해서 의기소침하거나 좌절을 하지 말라는 것이다.

잠시 이력에 구김이 갔을 뿐 자기 삶에 있어 영원히 구겨지지는 않는다는 사실과 신(神)이 아닌 이상 사람으로서 실수와 시련은 항상 자신 주변을 맴돌고 있다. 우리가 살아가면서 흔히들 많이 사용하는 말이기도 하다.

스타일이 구겨졌네…, 왜 이리 일이 안 풀리지…, 왜 나는 하는 일마다 꼬여만 가지.

이럴 땐 우리는 꼬인다는 의미에서 갈등이라는 표현을 쓴다. 갈등, 조직사회에서 많이 사용하는 언어이다.

갈등(葛藤)

일이 까다롭게 뒤얽히어 풀기 어려운 형편을 갈등이라고 한다. 갈(葛)은 칡을 가리키고 등(藤)은 등나무를 지칭한다. 칡과 등나무는 서로 얽혀 자라는 특성이 있다. 자연 속에서 칡과 등나무를 흔히 본다. 유심히 살펴보니 칡의 덩굴은 위에서 볼 때 시계 반대 방향으로 감겼다. 그런데 등나무 덩굴은 시계 방향으로 감겨 올라간다. 이 둘을 가까이 심어두면 서로 반대쪽으로 감아 오로는 바람에 얽히고설켜 영원히 화해하지 못한다.

칡과 등나무는 다른 사물에 의지하면서 성장을 한다는 단점도 있지만, 내부적으로는 기능과 영양 성분이 포함되어 있고, 주변을 이롭게 하고 생활에서 사람들에게 할 점이 많다.

칡(갈근)

콩과 식물에 속하며 지역에 따라서 크기가 제각각이다. 큰 것은 직경이 20cm, 길이 100cm 정도 되는 것도 있으며 수칡과 암

칡으로 구별된다.

성분은 이소플라본 화합물인 다이드제인과 그 배당체인 다이드진 및 푸에라린이 들어 있다. 그리고 10~14% 농마가 들어 있다.

약 성분으로는 위경에 작용한다. 땀을 나게 하고 열을 내리며 진액을 생겨나게 하고 갈증을 멈추며 술독을 푼다. 약효에는 가슴이 답답하고, 갈증이 나며, 풍열감기, 소갈병 등에 도움을 준다.

등나무

종려과에 딸린 덩굴식물 등나무는 초여름에 연한 보랏빛으로 피는 꽃이 아름답고 향기와 그늘이 좋아 정원수로 활용된다. 생장력이 몹시 왕성하여 덩굴이 200m까지 자라는 것도 있다. 새순은 '등채'라고 하여 나물도 무쳐 먹고, 꽃은 '등화채'라 하여 예전에 양반들의 풍류식으로 인기가 있었다.

잎, 꽃, 어린 열매 등은 변비가 있는 사람에게 탁월한 효과가 있지만, 성분이 차고 맛이 시기 때문에 몸이 찬 사람은 먹지 말아야 한다. 등나무의 고목에 기생하는 혹은 아주 귀하다. 등나무혹은 독나방이 줄기 안에 알을 낳아 생기는데, 민간에서 암 치료의 명약으로 알려져 있다.

필자가 산촌에서 생활하면서 칡과 등나무와 다래나무의 성질에 관하여 생각을 많이 해보았다. 집안에 덩굴나무가 있으면 하는 일이 꼬인다는 속설도 있다. 이 말은 단지 속설인 듯싶다.

삶의 일이란 스스로가 만들어 간다. 꼬이는 부분이 있으며 풀어가려고 하는 노력이 필요하다. 그리고 꼬이는 것을 보면서 풀어가는 법을 익혔다.

칡과 등나무에서 얻은 교훈이 있다면 꼬이는 길이 있으면 해결할 수도 있는 길이 있다는 것을 새삼 느꼈다. 자연의 식물들을 보고 생활의 지혜를 얻은 샘이다.

꼬인 것을 바르게 펼칠 수 있는 다림질 기능은 바로 긍정의 힘이었다.

자연의 세계에서도 구김이 있고 인간의 삶에서도 구김은 있다. 사람의 삶은 꼬여 있는 것을 펼쳐가면서 살아가는 듯싶다. 우리가 입고 있는 의복도 구김이 가고 또 펴기도 하고를 반복하면서 생활을 하는 것이 현실에 우리의 일상이 아닌던가.

그때그때 처방을 할 수 있는 다림질의 기능을 연마하거나 다른 기구를 창작해보는 것이 구김을 펼 수 있는 유일한 관건이 될 수도 있을 것이다.

각각의 가정에 있는 냄비는 저마다의 사연으로 끓고 있다. 다

만, 외면으로 표현을 하고 있지 않을 뿐, 생활에서 실패, 무능력, 소외감 등은 스스로를 외롭게 한다.

현대인들의 복병은 경제적 어려움으로 인한 스트레스일 것이다. 일상생활에서 줄곧 쫓아다니는 물질이 문제이기도 하며 이로 인한 가장으로서 체면과 스타일이 구겨진다고 아우성들이다. 칠전팔기라는 격언도 있다.

좌절할 수는 없지 않은가? 대안을 찾는 것이 현명한 길이고 구겨진 체면과 스타일을 기의 다림질로 펴보자는 논리를 말하고 싶다.

재충전의 기회 속에 정화의 기능도 포함되어 있다.

생활을 하노라면 사회생활, 직장생활, 가정생활 등을 통하여 하루의 일상을 보내며 매일매일 연장 선상에서 생활이 지속된다.

생활 속의 복병은 스트레스라는 물질이다. 이 물질을 슬기롭게 잘 다루냐가 생활에 있어 행복 또는 불행의 길을 걷는다고 볼 수 있다. 자신의 의지와는 관계없는 일이고 공동생활 속에서는 피해갈 수 없는 숙명적인 단어인지도 모른다.

생활에서 가정사 복잡한 문제로 말미암은 고민과 직장의 경제논리에 의한 괴로움에 스트레스가 찾아왔을 때, 이것을 풀어가는 방법을 탐구해보는 것이 현명한 삶을 살아간다고 볼 수 있겠다.

생체에 있어 스트레스 활성산소를 증가시키고 혈액순환을 정체시키어 선순환 기능이 누적되면 만병의 원인되는 물질이 되는 첫 단계이기도 한다.

마음의 상처는 생체의 질병을 유발하고 건강이 파괴되면 의욕 상실과 동시에 모든 것을 잃는 암울한 길을 맞이하게 된다.

직장에서 퇴출당하면 다음은 가정 파괴로 이어지는 도미노 현상으로서 인생사 실패라는 길을 맞이하게 된다.

늦가을 저무는 낙엽을 생각하자. 그리고 낙엽을 사랑해보자. 낙엽이 뒹구는 쓸쓸한 거리를 걸어 본 적이 있는가?

현대인들은 녹색 문화생활을 통한 생기가 넘치고 여유로운 시간을 보내고자 한다. 도시 숲에서 향 냄새가 풍기는 나무를 보노라면 아름다움의 매력에 끌리는 것은 누구나 공감이 가는 사실이다.

사람이라면 새싹을 선호하는 것은 모든 사람들의 표준일 것이다. 그러나 그런 것은 진정한 사랑의 마음이 아니다. 색바랜 낙엽을 밟으면서 인간다움과 인생다움을 버리지 않는 것이 사

랑다움의 마음일 것이다.

그리고 생명을 다한 낙엽일지라도 그 낙엽을 재생할 수 있는 여유를 가져보자. 다림질로 잘 다려서 스크랩을 할 수 있는 기능을 남기면서 말이다.

녹색 기덕(氣德)으로 성공의 길을 열다

숲은 숲 자체로서 아름답다. 보는 이로 하여금 모두다 파랗게 보인다. 대한민국 만 원권 지폐의 색은 녹색이다. 필자가 숲을 바라보고 있노라면 모두가 돈으로 보인다. 숲 속에서 파란 지폐가 움직이고 있다. 나뭇잎은 나를 오라하며 손짓하고 나에게 따뜻한 기운을 보낸다.

기덕(氣德)이란

기다림을 성취하기 위해서는 자기 스스로 덕을 쌓고 성찰을 많이 해야 한다는 의미를 가졌다.

기다림이란 단어는 기대라는 단어와 같은 의미를 가졌다. 기대라는 단어는 두 가지로 의미를 분류할 수가 있다.

① 희망을 가지고 기약한 것을 기다림

② 어떠한 일이 이루어지기를 바라보고 기다림

기대가치 기준

위험한 대안을 선택할 때에 그 선택의 기준으로서 기대되는 결과를 사용하는 것. 즉, 대안 중에서 기대가치(expect vaiue)가 가장 큰 대안 순으로 선택한다.

기댓값

확률론에서 확률변수의 기댓값은 사건이 벌어졌을 때의 이득과 손실과의 중간값이라고 표현도 가능하다.

기대권

장차 권리를 취득할 수 있다는 기대 상태로부터 얻어지는 법률상의 이익, 희망권(希望權)이라고도 한다.

기대성 오차

사람이나 사실 또는 사건의 발생에 관해 미리 어떤 기대를 갖고 지각(知覺)하는 데서 오는 오차를 말한다. 즉, 기대하는 대로 지각되는 과정을 통해 나타나는 오차를 말한다.

● 기대수명

우리나라 기대수명은 여자 82세, 남자 76세로 WHO 회원국 198개국 중 28위다. 미래학자에 의하면, 2030년이면 인간의 기대수명이 130세가 될 것이라고 내다봤다.

● 기대수익

투자자가 투자를 하였을 때 그 투자로부터 실현될 수 있을 것으로 기대되는 수익이다.

● 기대수익률

변동에 따른 시세차익을 합한 것이 기대수익률이 된다. 그러나 투자자산의 경우 기대수익률 측정이 쉽지 않은 상황이다. 투자자산의 기대수익을 산출하기 위한 미래자산 가격이 얼마가 될 것인가에 대한 예측이 어렵기 때문이다.

● 기대수익 극대화 기준

불확실한 상황에서 투자 선택에 관한 가장 단순하고 원시적

인 접근 방법으로 여러 투자 대안들 중에서 평균적으로 기대되는 결과인 기대수익을 유일한 선택 기준으로 사용하는 것이다.

이는 결국 투자자들은 여러 대안들 중 기대수익이 가장 큰 것부터 선택하게 된다는 가설이다. 부를 축적할 수 있는 기대란 의미는 여러 방면으로 해석을 할 수가 있으며, 각자의 방법에 따라서 견해가 다를 수도 있다.

그래서 기대란 자기 스스로 역량에 맞게 설정을 하는 것이 마음이 편할 것이며, 후회가 없고 성공의 지름길이 될 수가 있을 것이다.

미래의 녹색 숲은 어떤 부자들을 만들어낼까?

녹색 숲에서 부자가 탄생을 한다면 어떤 모습을 하는 형상일까?

왜 많은 사람들은 부자가 되려고 몸부림을 치는 것일까?

재벌계열의 세계에서도 부자다운 급수가 있으며 부자계열도 종류가 있다.

부자(富者)의 주위에는 두 가지 그림자를 수반한다. 행복의 그림자와 불행의 그림자, 이 두 가지의 이름은 스스로 족쇄를 채울 수도 있다는 것을 항상 명심하고 있어야 할 일이다.

숲을 통한 순수한 부자가 되고 성공을 하려는 사람이 되자.

돈, 돈, 돈! 누구나 필요하며 많이 가지려 한다.

돈, 돈, 돈! 돌아버리거나 돈 속에 묻혀서 돌아오지 않는 이도 있다. 당신은 돈을 얼마나 많이 가지고 싶은가? 돈을 왜 많이 가지려 하는가? 한 번쯤은 기준을 재정비할 필요가 있다.

부자의 길은 이미 정해져 있다. 조급하게 서두르지 말고 순리에 따르라. 부자의 평가는 여러 가지로 할 수가 있다. 그저 돈에만 얽매이지 마라.

돈이 부족하면 조금 불편할 뿐 인격에 있어 잣대가 될 수 없다. 돈에는 항상 쇠사슬이 감겨져 있다. 쇠사슬에 매이지 않도록 유념하라.

돈은 두 개의 눈을 가지고 있고 그중에서 한쪽은 맑은 눈 한쪽은 흐린 눈이 있다. 돈을 가지려 할 때는 눈높이에 맞추어서 자기 것으로 만들어야 한다.

출세와 성공의 기준에 있어 꼭 돈이 많아야 성공을 했다고 볼 수 있는가

우리는 성공의 가치관에 있어 스스로를 재점검해볼 필요가 있다.

건강과 장수

이것 또한 성공으로 가는 길이요, 부자가 되는 길이다.

장수를 이야기하자면, 누구나 희망하는 사항이며 오랫동안 건강하면서 살아있는 동안 삶의 질을 높이고 즐겁고 행복하게 살아가는 것이 누구나 꿈이요 희망 사항이다.

성공과 부자의 표현은 크나큰 풍선과도 같고, 바람과 같으며 허무한 꿈과도 같다. 바람에 의해 부풀었을 때에는 우러러 보이나 바람이 빠져버리면 그처럼 모양새가 좋지 못한 것이 없다. 재산을 소유하려고 하지 마라. 많은 것을 소유하려고 하는 자는 많은 것으로부터 자기 자신을 구속하게 되고, 그 속에서 자기다움의 참 생활을 찾지 못할 것이고 인간관계가 소홀히 되어 외롭게 될 것이다.

소유보다는 마음으로 담아라. 그러면 좀 더 많은 것을 얻을 것이다.

조석으로 바뀌는 것이 인간의 마음이다. 소유욕이 가득하거든 자기 자신부터 소유를 하려고 노력해야 할 것이다. 그렇지 않으면 사상누각이라는 말도 있듯이 모래 위에 집을 짓는 격이 되며, 이는 곧 자멸을 의미하기도 한다.

인간이란 근본적으로 유혹에 약하므로 알면서도 유혹에 발을 담고 늪에서 고통을 받아야 비로소 자기 자신의 오판을 후회한다.

또 우를 범하는 사례가 종종 있다. 삶은 깨달음의 과정이라고 했다. 사람이기에 어리석고 어리석어서 실수를 할 수가 있다.

진정한 성공과 부자가 되려면 균형이란 역학적 원리와 중심이라는 수직적인 공학의 공식을 자기만의 것으로 소유하고 있어야 비로소 자본가가 되는 기본 자격이 주어지는 듯싶다.

필자는 마음 부자의 길을 선택했다. 휴선문화 연구실은 광범위하다. 주 사무실은 $90m^2$ 정도가 되지만 현장의 연구실은 하루에도 다 돌아다닐 수가 없으리만큼 넓고 아름답다.

기다림(氣茶砬)이라는 자연 소재를 접하며 자신에게 맞는 품목을 선정하여 현실적인 아이템을 만들고, 그 품목에 의해서 자기생활과 접목하고, 직장이나 가정에서 이를 활용한 업무추진과 가정생활에서 즐겁고 행복한 삶을 영위할 수 있도록 해보자는 것이다.

장수의 관건은 규칙적인 생활과 건전한 생각을 해야 하고 생활사 번민을 정리하며 생활에 있어 갖고 싶은 물욕의 욕심을 절제하며, 그리고 부부간에 사랑과 스스로의 마음을 다스림에 있다.

참살이를 영위하고자 하는 자는 활동하는 생활 공간을 아름답게 만들어야 한다. 복지, 행복, 건강이란 먼저 내 스스로가 실천하고자 하는 정신이 수반되어야 하고 타인을 배려해야 한다. 받기보다는 주기를 먼저 해야 하고, 내 스스로 희생정신이 드높아야 행복의 지수가 높아지고 참살이의 가치를 맛보게 될 것이다.

잎사귀처럼 맑은 삶을 찾아보자.

산이 높고 경관이 수려한 계곡에는 맑은 물이 흐르고 있다. 나뭇잎에서는 새소리가 밝게 울부짖는다. 아직 녹지 않은 눈밭에도 봄을 알리듯 잎사귀가 파릇하게 돋아나고 있다.

자연의 새싹들은 순리를 가르치려 한다. 그 순리 속에 사람의 삶이 있었다.

녹색 환경은 인간의 생활문화를 형성하며 행복한 분위기를 조성한다.

지혜의 배경에는 순리의 법칙이 있으며 인간들은 그 논리를 적응하려고 노력하는 듯싶다. 봄날 새로이 피어나는 잎사귀는 희망과 생동감이 있고 순진하며 청순하다. 여기에 인간다움의 맑은 삶을 살아가는 이들이 있고, 행복의 진리를 자연의 법칙에 의해서 몸에 익숙해지는 듯싶었다.

맑은 삶은 아름답다. 그러므로 사람은 행복감을 느낀다. 그 행복의 길을 맑은 물이 안내를 하는 듯싶다.

양지 녘에 앉아서 녹색에 비춰진 내 모습을 본다. 입체면 거울 앞에서 내 모습을 바라보는 것이 아니다. 나는 녹색 잎 앞에서 있고 움직이는 녹색 속에서 내 모습을 잠시 그려본다.

나는 지금의 생활이 나뭇잎의 생리처럼 그런 형식으로 살아가고 있는 것일까?

우리네 생체 몸속에는 물이 순환하고 있다. 나무들도 물을 순환한다. 나뭇잎은 밝은 태양의 에너지 속에서 일일신 새로운 모습으로 변하며 성장하고 있다. 때문에 원순환이 순조롭다고 표현할 수 있지만, 인간의 생활은 어떠한가? 물의 선순환이 순조롭지 못하며 생활환경이 오염원을 제공한다.

그래서 선순환이 아닌 역순환으로 인한 질병을 맞이한다.

녹색 잎 앞에서 바라본 내 모습은 자연에 순응자라고 말할 수 있을까? 자연의 잎사귀 앞에 서 있는 내 모습이 무척이나 초라하게 보일 것이다.

녹색을 통하여 바른 성공의 길을 열어갔으면 하는 바람이다.

인간림 숲 구조와 자연림 숲 구조

눈[眼]의 두 방향을 생각한다.

생각에 따라 사물은 다양한 모습을 하고 나타난다. 자기가 좋아하는 모습과 자기가 싫어하는 모습으로 내 마음으로 들어오게 된다. 그리고 감정을 조절한다.

감정은 곧 내 생활을 조절하고 삶의 방향을 조절하게 된다. 그 하나는 긍정적인 감정이고, 다른 하나는 부정적인 감정이다.

이때 균형 감각이 높은 자들은 부정보다는 긍정을 선택한다. 환경의 균형이란 두 방향의 문제가 주어졌을 때 저울을 다스리는 기능의 키가 지혜의 활용이라고 말한다.

마음에 눈은 외부로부터 방향을 제시하며, 그 방향은 내부로부터 인지 능력을 제시한다.

숲의 구조에서 듣기의 두 방향, 근본 소리는 다양한 모습으로 공간을 공활한다.

사람들은 두 가지 방향에서 소리를 듣는다. 하나는 사람과 사람의 소리, 하나는 사람과 자연 공간 소리, 이때 사람의 소리는 부자연스럽고 자연의 소리는 편안한 감을 준다.

사람의 소리는 마음을 상하기도 하며 자연의 소리는 마음을 치유하기도 한다. 소리는 듣기에 따라서 행복과 아름다운 선율로 바뀐다.

마음에 와닿는 소리는 마음에 공간이 있을 때 자리매김할 것이다. 듣는 방법을 마음으로부터 바로 세우자.

지구 속에서도 사람이 살고있는 환경 구조에서는 숲이라는 군락을 이루고 있는 곳이 많이 있다. 도시에는 아파트 숲, 사람 숲, 자동차 숲, 거미줄을 이루는 도로 숲, 도시 외곽에 있는 야산에는 푸른 숲이 있다.

인간림 숲과 자연림 숲을 논하고자 한다.

인간림을 들여다보면 사람은 이성을 가진 존재이며 순수 이성적으로 사물을 비판할 수도 있다. 만물을 창조함에 있어 자유가 보장되며 행동에 있어서는 법의 테두리 속에서 자유를 누리며 행위를 할 수가 있다.

사람 살아가는 게임 법칙에서 문제가 되는 것은 순수성을 가

지고 생각과 행동을 하며 정당한 게임에 임하기보다는 반칙을 유도하거나 반칙을 일삼는 무리들이 종종 있고, 그 무리가 다수에게 피해를 끼치며 사회의 오염원이 되기도 한다. 그래서 법이 있다. 그러나 법이 공정하게 시시비비를 가려내고 선악을 구분하지 못하는 경우도 있다. 법정에서도 반칙이 행해진다.

인간으로서 존엄성 따위를 저버리는 거짓, 회유, 언어폭력 등으로 서로를 비방하고 싸움판에서 이기려고 온갖 편법을 다 동원하는 순수성이 없는 모습을 보이곤 한다.

현대 사회 사람의 숲에서는 사람다운 사람의 냄새가 나지 않는다. 얼마 전까지만 해도 사람의 숲에는 향기로운 냄새도 나고 맛도 있고 인정도 넘쳐났다. 민속명절이 돌아오면 이웃과 음식을 나누며 덕담을 나누기도 하면서 서로를 위로해 주며 배려가 있는 이웃과 마을이라는 울타리가 있었다.

근래에는 시골에서조차 보기가 어렵고 도시에서는 더더욱 보기 어려운 광경일 것이다. 개량된 문명사회에서 현대 물질에 만연되고 그 물질에 물들어 생활하면서 생활환경이 바뀌었다. 현재 50~60세는 전쟁 전후 세대로서 아나로그 시대이고 고전적인 사고방식과 행동에 젖어 현시대적 디지털 시대를 맞이하여 전환하는 시점에서 방황을 하는 요인을 많이 볼 수가 있다.

가정사에서 보면 시아버지와 며느리 사이의 갈등이 그렇다. 갈등을 해결하기보다도 쉽게 포기해 버리려고 하는 젊은이들도 문제가 많다고 사료된다.

사회에서 보면 사람이 사람 만나기를 싫어한다는 이야기를 종종 듣기도 한다. 개인적으로도 문제가 있겠지만 이것은 피해가 피해를 낳는 악순환 현상이며, 악순환에서의 피해자이기도 하며 사회에 대한 또는 사람에 대한 신뢰성에 금이 생기는 현상인 듯싶다.

요즘 매스컴을 접하노라면 불행한 기사를 많이 접하곤 한다. 서민들을 상대로 한 사기 피해의 사건을 접하고 있노라면 매우 가슴이 아프다. 사건을 분석해보면 어쩌다 실수가 아닌 처음부터 사기성을 띠고 있다. 더욱 가슴 아픈 일은 힘 있는 자가 힘없는 자를 돈과 힘의 논리에 의한 합법을 가장한 편법으로 유도하여 피해를 입힌다는 것이다.

고기맛을 본 사람이 고기를 더욱 잘 먹는다고 하였다. 피해가 피해를 낳는 악순환의 고리가 여러 곳곳에서 일어나고 있어 사람이 사람을 대할 때 편안하게 접해야 됨에도 사람이 사람을 경계해야 하는 양면성의 인격이 형성되도록 자연스럽게 만드는 악(惡)조건의 과정인 듯싶다.

현대 문명사회는 사람이 삶의 질을 누리기는 최상급이다. 동시에 해결을 해야 할 부분도 있으며 믿음, 신뢰, 안전성, 인간성 등은 학습과 함께 바른 생활에 있어 우선 과제로 선정되어야 할 부분이기도 할 것이다.

사람으로서 바른 생활을 함에 인성이 부족하다면 이에 학습의 방편으로 자연림 속으로 들어가 자연림 세계의 생활규칙과 자연림의 환경 정화 운동, 자연림이 사람에게 주는 편익과 생체의 영향 등을 학습의 기회로 형성할 필요가 있다고 사료된다.

나무와 풀들은 서로 대화를 하며 대가성이 없는 순수한 대화를 한다. 무언으로 표현할 뿐이다. 표현에 있어서는 오직 자연의 순리에 따른다. 자체 생리활동을 하고 필요한 영양소를 공급받으면서 자체 정화를 하며, 자연에 배려를 한다는 것이다. 그래서 언제나 일관성이면서 지속성을 가지고 있는지도 모른다.

원시림 속으로 들어가 보면 활엽수가 많으며 침엽수 군락지도 종종 있다. 숲 속에도 규율과 규칙과 심지어 신호등도 있다. 숲 속에서도 힘에 의한 논리도 있고 편법으로 다른 식물의 영양소를 먹고 자라는 식물도 있다.

중요한 사항은 자연의 순리에 적응하면서 살아간다는 것이다. 기후적으로 날씨의 맑고 흐림, 봄과 겨울, 밤과 낮, 비 오고 눈 내림 등에 따라서 식물의 생태적인 생리현상이 다르다는 것이다.

자연의 세계에서도 재미있는 일들이 많이 있다. 편법으로 살아가는 넝쿨류를 보면, 종류에 따라서는 공생하기도하고 어떤 것은 상대를 피해를 주는 두 가지의 형태가 있다. 담쟁이소나무 넝쿨은 상대를 피해를 주지 않으면서 관상도 제공하며 생체에 약용이 되는 상호 공존형이다. 칡넝쿨은 처음 몇 년간은 피해가 없으나 가면 갈수록 상대를 압박하면서 상대에게 피해를 준다. 남에게 기생을 하면서 자기의 실체를 살아가고 있는 겨우살이라는 식물은 기생을 하고 있으나 상대에게 전혀 피해를 주지 않으면서 공생공존을 하고 있으며 약용도 가능한 식물이다.

몇 가지 사례를 보는 바와 같이 숲은 대체적으로 공생의 의미를 많이 부여한다.

숲은 언제나 싱그럽고 상쾌하며 사람에게 유익한 산소를 공급하며 탄산가스를 정화시켜 준다. 우리 사람도 말 못하는 숲으로부터 받고자만 할 것이 아니고 숲을 위해서 베풀 수 있는 기회를 만들어야 할 것이다.

이 땅의 주인으로서 주인의 책무와 권리행사를 못함은 어떻게 표현해야 할까? 숲의 세계에서 사람들이 가야 할 길을 찾기 위한 나침반의 필요성을 강조하고 싶다. 나침반으로 하여금 방향 설정을 다시 하고 수정된 길을 새로운 힘으로 충전하고 바로 가야 하며, 좋은 결과물이 있는 목적지를 향해 가야 할 것이다. 어떻게 갈 것인가!

지속과 실천 가능한 목표 설정, 자신이 할 수 있는 맞춤형 종목, 즉 타율이 아닌 자율적인 기능성 업무 등이 있을 것이다. 자연의 숲에서 예(禮), 도(道)의 에너지를 충전하면서 사람과 사람의 관계를 아름답고 슬기롭게 이어갈 수 있는 숲 속의 신호등(리듬)을 통하여 통찰을 하여야 할 것이며, 살기 좋은 참살이의 환경을 만들기 위한 노력이 수반되어야 할 것이다.

자아의 리더십과 내면의 주인

자아(自我), 나의 주인은 누구인가! 나의 주체성과 주인의 길을 바로 찾자.

나는 뇌의 주인인가 노예인가?

내 안에서 뇌의 주인이 되어보자.

뇌 회로의 고정된 틀에서 벗어나 보자.

자신 주변을 둘러싼 외부환경은 자신 내면이 반영된 그림자에 지나지 않기 때문이다. 결국 내면이 바뀌지 않고서는 구체적으로 말한다면 자신의 뇌 회로를 바꾸기 전에는 인생이 달라지지 않는다. 인생을 새롭게 창조하고 싶으면 뇌 속에 잠복해 있는 부정적인 정보를 털어내는 것이 우선이다.

뇌 속에 잠복해 있는 부정적인 감정과 상념들은 뇌의 정보처리에도 치명적인 장애를 일으킨다. 부정적이고 탁한 에너지가

뇌에 산만한 뇌파를 만들고 우리의 근원적인 의식에 자리한 초월적인 사랑과 지혜, 그리고 무한한 능력이 발현되는 것을 가로막는다.

뇌 속에 고착된 관점이나 태도를 바꾸기 위해서는 마음을 고쳐먹는 것만으로는 부족하다. 기존에 형성된 패턴이 워낙 강하다 보니, 새롭게 마음을 먹으려 해도 과거의 습관에 동조하게 마련이다. 과거에 있었던 상처와 분노는 스스로가 털어버리려고 하는 수련이 필요할 것이다.

악기를 조율하듯 뇌파를 조절하는 자세를 가져보자.

뇌 활동 중에는 감정이라는 감성적인 정보의 라인이 있다. 뇌를 잘 쓰기 위해서는 감정이라는 정보에 빠져 허우적거리는 뇌를 건져내어 이상적인 제 기능을 발휘하도록 만들어야 한다.

수치심이나 슬픔, 분노를 느낄 때 감정에만 빠져들지 말고 그런 자신의 모습을 가만히 관찰해보라. 우리가 현재 느끼는 감정은 지금 이 순간에 생긴 것이 아니다. 또 과거의 실패나 타인의 비난 등에서 비롯한 부정적인 감정들이 기억 속에 아물지 않는 상처로 남았다가 비슷한 상황에서 튕겨 나오는 것일 수도 있다.

감정은 그저 악기와도 같다. 어느 건반을 누르는지에 따라 각각 다른 음이 흘러나오듯이 우리의 뇌도 어떤 정보와 접속하느냐에 따라 슬픔과 기쁨, 미움과 사랑 등의 다양한 음을 자유자재로 연주해낸다.

감정이란 뇌의 생리작용일 뿐 자신이 아니다. 감정이란 약한 사람에게는 넘기 힘든 태산과 같지만 강한 사람에게는 발밑에 있는 작은 돌부리에 불과하다. 감정이란 우리의 순수한 본성을 스치고 지나가는 그림자에 지나지 않기 때문이다.

수평선 속에 있는 바다라는 물성 중에 파도라는 것이 있다. 파도는 성이 나면 밀려오기도 하고 다시 쓸려가기도 한다. 때로는 잔잔하기도 하지만 그 자체의 물성이 변하는 것은 아니다. 우리의 감정도 마찬가지다. 감정은 그냥 자신을 스치고 지나가는 바람일 뿐이다. 자신의 자체가 아니다. 슬프면 슬퍼하고, 화가 나면 분노하고 기쁘면 활짝 웃어라. 하지만, 슬픔이 자신이 아니고 분노가 자신이 아니다. 그것을 자신이 자각하고 있으면 된다.

화(火)를 다스리는 기법을 통한 감정을 인지하는 기법을 익혀야 할 것이다. 자아의 리더십을 함양하자.

내 육체의 주인인 나조차도 리더십이 부족하다면 그 이상의 무엇을 새로운 일에 도전이라는 이름으로 실행할 수가 있을까. 나에 거대한 세포를 관리하고 조절할 수 있는 리더십의 기술을

익히자. 그리고 또 다른 업무와 자아 실체를 논하여 보자.

나는 나 자신의 모든 것에 관하여 관리를 얼마나 잘하고 있는 것일까. 어느 부분에는 소홀함이 없는 것일까? 아니면 그냥 무감각하는 것일까? 만약에 소홀히 했다면 지금부터라도 자기관리에 체계적으로 돌아볼 줄 아는 사람이 되어야 할 것이다.

진정한 리더십은 무엇일까?

요즘에 리더십이란 가치를 흔하게 남용하고 있다. 때문에 의문을 던져본다. 현사회에서 말하는 리더는 조직에 있어 조직의 길잡이 또는 조직의 솔선수범 선행을 하는 자 등을 말한다. 포괄적으로 조직에 있어 간부들을 지칭하는 말이기도 하다.

특정 사회의 간부들은 자기 자신의 리더십에 있어 평가를 받는다면 몇 점을 받을 수가 있을까. 진정한 리더십이라면 타인앞에 서서 자신의 말을 주장하기 앞서 스스로의 자신부터 통솔할 수 있는 센스가 필요할 것이다.

집안에서 새는 쪽박은 밖에 나가서도 샌다는 옛이야기도 있다. 우리들은 자신의 리더와 가족의 '십'에 있어 관대할 필요가 있고 재정립의 기회를 가져야 할 시기인 듯싶다.

사람의 실체는 우리 몸속에 있는 세포체 중에서도 아주 작은 원(圓)에서 자아의 실체를 만들어낸다.

우리에 몸체는 60조 전후의 세포로 구성되어 하나의 형성물을 구성하고, 하나의 이름을 활용한 자아 실체로 가는 과정적인 표현이기도 하다.

사람이 살아가면서 60조라는 숫자를 다 셀 수나 있을는지 의문이며, 이 60조의 숫자도 헤아리지 못하면서 나는 나 자신을 알고 있다고 말을 할 수가 있을까? 고로 나는 나를 안다고 말할 수 없을 것이며, 자신의 주인으로서 주인다운 책임과 의무는 다하는지 다시 한번 생각하고 자아 내면을 들여다볼 필요가 있다.

현시대는 복잡하면서도 섬세한 물질 속에서 살아가고 있다. 생활에서 아주 작은 것에 관심을 가질 필요가 있으며 섬세함을 관습화가 될 수 있도록 생활화해야 한다.

섬세함이 관습화가 되어야 현사회의 조직에서 존립할 수 있는 기반이 될 수가 있을 것이다.

큰 규모의 큰 작품은 작은 규모의 작은 작품에서부터 시작이 되어 이루어졌음을 항상 기억하고 있어야 한다. 우주를 탐험하는 우주선에 있어서도 첨단이라는 기능을 가지고 있으며, 그 기능에 있어서 작은 부품 하나의 결함이 생기면 전체 팀워크가 깨어지는 불행한 일이 발생한다는 사례도 있다. 사례를 통한 정밀성을 강조하는 부분이기도 하다. 요즘에도 대형사고가 많이 발생되고 있다.

내막을 알고 보면 사소한 부분이나 관리 부실 등이 누적을 통해서 큰 재앙을 맞이하는 일들이 여기저기에서 발생하고 있다.

우리는 순간순간을 망각하면서 살아가고 있는 것이 아쉬움을 더할 뿐이며, 어떤 일을 추진할 때 준비를 하는 과정에서 기다림의 시간도 없이 결과물을 주장하며 결과물에 관한 평가가 먼저 앞서 시행하는 이로 하여금 조급증과 의욕상실을 유도하여 부실을 초래하는 사례도 있다.

마치 모래 위에 집을 지으라고 독촉을 하는 과정이나 다를 바가 무엇인가! 내용물에 관하여 내실 없고 실리 없는 상태에서 포장만을 중시하는 일들은 우리가 사는 사회에서 재점검을 해야 할 때이고 작은 것에서 기다림의 실용을 추구해야 할 것이다.

자아의 실체인 작은 세포에 새로운 에너지를 불어넣고 튼튼하게 만들어가되 복잡한 사회 속에서 생존할 수 있도록 면역력의 체계를 높이고자 함이 목적이 있어야 할 것이다.

그 목적을 수행함에 기다림의 소재에 의한 응용기법으로 항체면역을 높여서 생체가 병들지 않고 건전한 인격체로서 조직의 구성원으로 제 구실을 다할 수 있도록 인고의 과정을 만드는 기회가 되어야 할 것이다.

현대 문명사회에서 자아 존재를 위협받는 부분 중에는 생체의 조직 중에서 암세포라는 불청객이 있다.

암을 방치하게 되면 자신의 생명 유지 및 존립이 가름 되는 심각한 문제가 발생된다. 그리하여 기다림의 소재를 통한 생활관습 변화로 암세포 치유 길을 찾아보자. 암세포의 천적이라 하면 신선한 산소이다.

양질의 산소라 함은 피톤치드의 피넨 성분이 함유된 정기(氣)를 말함이고, 산과 들에서 좋은 산야초를 채취하여 발효음료 및 효소음료를 만들어 식음하게 되면 이것이 보약이요 약차(茶)이다. 산림자원 속에서 부존자원을 활용한 음식을 섭취하거나 체육시설을 하여 놓고 규칙적인 운동을 하다 보면 생체의 기운이 회복된다. 이를 삼림욕 또는 산림 치유라는 이름으로 현재 많이 실행하고 있어 이를 림(碄)이라고 칭할 수 있을 것이다.

정리를 하자면, 기다림이란 양질의 산소를 마시고 천연의 약차를 마시며 솔잎의 삼림욕을 한다는 의미이다.

스스로의 생각에서 시작하면서 나의 체질을 알고 나의 건강을 보존하면서 진정한 내면의 주인이 되어야만 작은 세포들은

주인을 향하여 힘을 실어줄 것이다. 차후에 아무리 큰일이 있다 하더라도 그 근본은 내 안에서 이루어진다는 것을 새삼 되새길 것이며, 작은 것을 소홀히 하지 않는다는 스스로의 자각과 동시에 자아 실체를 섬기는 내면의 주인이 되어야 할 것이다.

물 표면에 비춰진 내 모습 속에 마음을 바라보면 무슨 생각이 떠오르는가! 간혹 내 마음이 미울 때가 있다. 우리네 마음은 바람에 나부끼는 갈대잎이라고 누군가가 말했던가. 어떤 연유에서 갈대라는 말이 나왔을까?

사람의 마음을 잠시 생각해 본다. 졸졸 흐르는 개여울의 찬바람이 내 마음을 파고든다.

갑자기 맑은 정신 속에 무엇인가를 생각하게 한다. 나의 실체와 나는 누구이며 이 사회에 어떤 모습으로 기여를 하는 존재가 되려는가. 고운 마음은 맑은 눈을 가지고 있어야 하며, 아름다운 씀씀이는 사랑을 담은 마음이 싹터야 비로서 참이 있는 마음이라 할 수 있을 것이다.

나의 내면에 있는 주인은 참이 있는 마음이라고 표현을 하고 싶다. 내면에 있는 주인인 마음은 갈대와 같이 바람에 흔들리지 않으며, 갈대로서의 갈대 기능을 다할 수 있는 갈대 같은 마음이었으면 하는 바람이다.

갈대의 기능은 우리 마음을 정화와 동시에 치유를 해주며 아픔으로부터 재생을 해주는 고마운 풀이기도 하며 심지가 곧기도 하다.

갈잎과 같은 기능으로 우리 마음 속에 깊이 자리하고 자신의 주인이 되어준다면 얼마나 좋을까. 모든 이들이여! 갈대 같은 잎이 있고 진실 속에 참이 있는 마음을 나의 주인으로 모시자.

4 cycle 생활리듬 창작

4 사이클은 원순환 생활의 근본이기도 하며, 생명을 유지하기 위해서는 필수적인 기능이기도 하다. 생활의 음악 리듬 4/4박자 또는 요즘 유행하는 4박자라는 유행가, 문명사회에서 필수품인 원동 기능의 자동차 그 속에는 4 사이클이라는 원리가 있다.

생체에는 영양소가 필요하며 영양소를 공급하여 소화를 촉진하는 선순환의 체계 과정으로 산화, 환원, 분해, 합성이라는 4가지의 리듬을 걸친다.

인간은 땅을 밟으며 기운을 마시면서 삶을 영위하는 생명체이기도 하다. 여기에서 주택이 필요하고 건강이 필요하다.

주택과 건강은 기능적으로 방향 감각을 잃어서는 안 된다. 여기에도 동, 서, 남, 북이라는 4가지의 리듬이 있고 현대인들의 일부는 방향 감각을 상품으로 응용하여 산업화를 하는 사례도 있다.

우리는 일반적으로 체육 시간을 활용하여 체조를 할 때 구령을 붙인다. 구령을 붙일 때 4박자를 구령을 하여 전체적인 리듬을 맞추어간다.

군대에서 제식훈련을 할 때에도 4박자로서 예령과 동령을 통한 좌, 우로 회전하며 보행 훈련을 하는 사례도 있다.

이 밖에도 우리가 살고 있는 생활 주변에서는 4 사이클의 활용도는 많은 부분을 차지하고 있다.

이제 우리는 우주를 생각할 때이다. 우주를 사랑하고 아껴야 하며, 우주의 세계에서 유영을 하며 공유할 수 있는 기능을 습득할 시기이기도 하다. 이에 지구에서도 우주를 향한 미래의 먹을거리를 만들어보자는 것이며 음식물의 양에서 벗어나 칼로리 시대를 맞이하였다.

미래인으로서 일상생활에서 일용하는 양식의 종류도 시대 흐름에 맞추어 첨단화가 필요하다. 원 생활의 원리로 자연식을 활용할 필요가 있으며, 자연 자원의 소재는 무궁무진하며 미래를 위한 현실에서 실천을 할 시기이다.

현대의 생활에서 상품을 선호하는 소비자의 시장에 관한 흐

름이다. 수량과 품질의 상품에서 고칼로리 에너지의 상품이면서 관리가 간편한 심플형으로 가정에서 후처리가 편리하여야 된다는 것이다.

식용을 위한 친환경 재배 농법은 산림농업을 통한 복합 영농으로 전환되는 시기이기도 하며 산림자원을 기능적으로 활용할 수 있는 제도적 기술이 필요하다. 또한, 자연 속에 있는 원시림의 공간을 도시 소비자들도 자연 공간을 생산만이 아닌 복지 측면에서 휴식 휴양 치유 등의 목적으로 활용하자는 의견을 제시하고 싶다.

살기 위해서 먹느냐 먹기 위해서 사느냐

왜 먹어야만 되느냐를 의문하면서 반문하는 시기이기도 하다. 현대 사회에서 밥을 먹을 시간도 없이 바쁜 사람도 있고, 체중 감량을 위해 굶기도 하고, 먹는 시간이 아까워서 시간 할애를 못하는 푸념도 풀어야 할 부분이다.

하늘은 파랗고 숲은 푸르다. 높고 넓고 자연 공간을 양식화하고 천연림이 숨쉬는 백두대간 설악에서 자연 기운을 체험해 본다면 의미가 새로울 것이고 기체, 액체, 고체의 화학적인 형태를 천연림을 통한 자연의 방식으로 요리를 하여 일용하는 양식의 개념을 새롭게 이해하자는 것이다.

21세기 생체의 건강을 위한 에너지의 개념으로 새롭게 일용의 양식으로 자리매김할 것이다. 사람이 살아가는 데 있어 일용하는 양식 분류는 여러 가지 형이 있고, 1일 3식 곡물을 섭생하는 것이 먹을거리이며 양식이라고 할 수 있으나 필자의 논리는 이러하다.

대자연의 기운 속에서 식물 자원의 에너지를 통한 지식과 지혜, 기운을 양식으로 일용하자는 것이다. 일용하는 양식의 주목적은 생체 유지를 위한 칼로리와 생체 기능적인 필수 원소를 섭취하는 것이며 동시에 맛과 포만감을 즐기기도 한다.

미래의 식 문화는 칼로리 시대가 자리매김을 할 것이다. 맛과 포만감은 다른 방식으로 풀어가야 하는 문제이고 우리들의 숙제가 될 것이다. 모든 이들이 장수를 갈구하는 현대인들은 칼로리적 에너지 부분을 절제를 통한 스스로의 방법론을 통하여 익숙해 나가리라고 생각된다.

입으로 먹는 것만이 양식이 아니다. 우리가 생활하면서 사용을 하는 생활 소품 자체가 일용하는 양식이라고 칭하고 싶다. 코로 통하고 피부로 통하는 공기 중의 산소 호흡은 더더욱 귀중한 양식 중의 양식이 될 것이다.

청정 환경 산림자원 속에서 생산되는 부산물을 식품화하여 식재료로 사용을 하고 건축에 있어 나무를 선별하여 주거 공간에 장식을 하며, 생필품을 만들어서 사용하는 지혜를 활용하였으면 한다.

일상생활 중에서 섭생하는 음식물의 식재료는 기존의 방식인 논과 밭에서 생산되는 곡물과 식물만이 양식의 전부가 아니다. 미래의 청정 음식 자재는 초림과 곡물을 혼합한 상품이 우위를 차지할 것이다.

그에 상품의 일환으로 초림(草林)의 분말 또는 초림을 진액이라는 가공식품으로 우리 식탁에 접할 날이 멀지 않았을 것이다. 그리고 초림을 활용하여 각 가정에서도 음료의 자급자족이 활발하게 이루어질 것이다. 이렇게 만들어서 음용할 수 있는 자연산 차 문화가 삶의 질을 높여줄 것이고 생활리듬을 창작하는데 좋은 기회가 될 것이다.

생활 속에 있는 4 사이클의 사례

- 4계절 : 봄, 여름, 가을, 겨울
- 하루 24시 : 아침, 정오, 저녁, 밤
- 공간 방위 : 동, 서, 남, 북

- 생체 에너지 : 산화, 환원, 분해, 합성
- 기계 에너지 : 흡입, 압축, 폭발, 배기
- 녹색 에너지 : 생산, 가공, 상품, 유통
- 운동 구령 : 1, 2, 3, 4,
- 리듬 생활 : 음악의 4/4박자
- 색상 원리 : 빨, 주, 노, 파
- 사람 형성기 : 유년기, 소년기, 청장년기, 노년기
- 인간 윤회 : 생(生), 노(老), 병(病), 사(死)
- 삶의 가치 : 희(喜), 노(怒), 애(哀), 락(樂)

인생을 새처럼 자연스럽게

공간을 자유롭게 새처럼 날아보자.

창살 없는 감옥이야말로 참살이라고 말할 수가 있을까. 삶이란 사람다움을 표현하는 과정이다. 사람은 출생과 동시에 이름표를 달고 사람다움을 수행한다. 삶의 과정에서 자기 자신 안에 있는 기능을 표현하기도 하고 명성을 높이기도 한다. 또한, 일반인들은 꽃피는 나무와 같이 4계절을 1주기로 삼아 평범하게 살아가기도 한다.

결국 자연스러움과 소박하게 살아가려고 하는 자도 있으나, 간혹 욕망과 우월감의 늪에서 표현의 자유를 스스로 구속하는 자도 있다.

삶에서 자기를 표현하는 방법으로 효과 있게 활용할 수 있는 지혜는 정도(正道)의 길을 수행하며 수련을 하는 것이다.

인생 황혼

사람이라면 누구에게나 찾아오는 단골 메뉴이기도 하며 각자의 마음 속으로 고이 접어 간직하면서 제2의 인생 설계를 할 것이다.

필자가 산속에 살아가면서 1년 중에 한 번씩 겪는 소설같은 이야기를 들어보자.

단풍이 낙엽이 되어 뒹구는 저 모습을 바라보면서 황혼의 인생에 나 스스로를 보는 것 같아 쓸쓸하기가 그지없었다. 자연의 순리는 사람의 생각과 의지와는 전혀 상반되게 움직인다.

자연은 봄이면 새싹이 피고 잎사귀가 되어 단풍이 들고 낙엽이 되는 규칙적인 사이클을 보이는 반면 사람들의 생활 생리는 불규칙한 사이클을 형성한다는 것이다.

규칙적이고 바른 생활이란 자연과 어우리며 가는 길이 바른 길이라고 할 것이다. 바른길의 선택은 각자의 몫이기도 하다. 각자가 가고자 하는 그 길은 시작과 끝이 있다는 것이다.

길이라고 하면 두 가지로 분류해 본다. 한 가지는 생활에 필요한 교통수단인 일반적인 자동차 도로가 있고, 또 한 가지는 사람으로서 태어나 자기 몫을 수행하는 미지의 길이 있다.

그렇다면 나는 제2의 인생을 멋지게 사는 방법은 없을까. 제2

의 삶을 찾고자 하는 사람들의 과반수의 이야기다. 제2의 삶을 추구해 본다면 제일 처음하고 싶은 일은 평소에 마음으로 생각을 하고 있었던 일을 실행하고 싶다는 것이다.

그 일들을 구체적으로 본다면 현재에 하고 있는 직업을 연속이 아닌 반대 방향을 원하시는 분들이 많다는 것이다.

제2의 생활은 어디에서 할 것인가라는 물음에는 도심 속에서 현 주거지를 활용하여 생활을 하면서 취미활동만 바꾸겠다는 사람들이 60%이고, 주거를 녹색의 환경으로 옮겨서 전원생활을 하겠다는 분들이 20%, 나머지는 중용의 견해가 있었다.

제2의 생활에서 제일 큰 문제는 경제 문제이다. 개인 사업을 하여 돈을 많이 벌었든가, 그렇지 않으면 공무원 생활을 하여 연금을 받아서 살 수가 있다든지 하는 생활비 문제가 큰 고민으로 화두가 된다.

다음은 어떤 일을 할 것인가이다. 또 다음은 여기에 관한 정보를 얻는 것이다. 현재는 바른 정보를 공급받을 수 있는 곳이 부족하다는 실정이다.

중요한 것은 희망을 잃지 않으며 더욱더 큰 희망을 가져보자. 그리고 불로장생과 언제나 푸르고 평화를 안겨주는 녹색의 나무를 연상하자. 4계절 푸른 소나무의 생리를 세컨드 라이프의 길잡이로 활용을 해보자.

우리 민족사 소나무의 애환을 잠시 들여다 본다. '남산 위에 저 소나무'라는 애국가 가사가 있다. 소나무는 장수의 상징물이고 우리 국민이 선호하는 나무이기도 하다. 나라 잃은 설움에 마음으로 또는 정신적으로 지주가 되어 주기도 했고, 4계절 푸르름을 간직하면서 지쳐 있는 사람들에게 늘 희망의 꿈을 안겨주며, 생활에 피로를 풀어주는 기능인 피톤치드의 향기에 의한 기운을 발산하기도 한다. 소나무 하면 지난 세월의 애환이 서려 있는 부분도 있다.

1960년경 경제 재건이 한창일 무렵 산골짜기에서 화전과 개간을 하는 농부들은 식량과 먹을 것이 부족하여 굶주린 배를 채울 때 구황식품으로도 사용했다. 먹는 방식은 소나무 내피를 말려서 쪄서 먹거나 내피를 씹어먹기도 했다. 그 시절에는 1일 2식은 기본이거니와 초, 근, 목, 피로 연명하는 일은 글자 그대로 생활에 있어 다반사였다.

그 이전으로 시간을 돌려보면 일본강점기의 이야기이다. 그들은 우리 민족의 정기를 말살하려는 의도와 우리의 자원을 수탈하는 차원에서 소나무에 있는 송진을 잔인무도한 방식으로 채취하여 일본으로 가져갔다. 그 송진(松津)을 원료로 만들어진

물건들은 선박제조 부품, 비행기유, 화장품, 의약품 등이라고 전해지고 있다.

그 어려운 시대와 시기를 극복하면서 민족의 혼을 지켰으며 배고픈 이들에게 허기를 메워준 고마움… 자연 자원에 머리를 숙일 뿐이다.

숲이 인간 생활에서 간과 허파의 구실을 한다면 생체에는 허파라는 기관이 있다. 사람의 폐기능은 맑은 산소를 공급해주는 역할을 하며, 공기가 좋고 나쁨을 두뇌로 하여금 감지할 수 있는 센서의 기능도 함께 한다.

사람의 폐가 좋아하는 곳이 원시림이며 그 속에 오래 머물면서 자연인이 되고 서로를 이해하는 소통의 길을 찾고 생활에 있어 선(鮮)의 활동을 활력화해야 한다.

국내외적으로 경제가 어렵다고들 하며 근심이 태산인 듯하다. 상업적으로 경기가 없고 날씨도 추워서 마음도 얼어붙어 가슴이 조여지는 것을 스스로 체감하는 이들이 많이 있다. 주변 환경으로 인하여 경제가 춥다고 하여 마음마저 닫아버리는 옹졸함에서 탈출의 길을 모색해 보아야 할 것이다.

생애 중에서 길이란 단일로만 있는 것이 아니다. 우리의 생체에도 혈관의 기능 중에 그로뮤 재생이라는 원리가 있어서 혈액이 막히면 돌아갈 수도 있는 기능을 말함이다.

강물이 흐름에 있어 중간에 조그마한 물막이 보를 가로막아 놓다고 하여서 그 물이 흘러가지 않겠는가? 다만 잠시 주춤거릴 뿐 새로운 길을 통한 흐름은 연속적으로 이루어질 것이다. 때문에 사람 사는 세상에서는 살아가는 길 속에서 새로운 길은 항상 새로이 만들어진다는 것이다. 이는 스스로 노력이라는 긍정의 자세를 요구한다. 모세혈관처럼 길이란 찾는 이로 하여금 길이 열린다고 생각하면 되고 당신이 가고자 하는 길이 열릴 것이다.

단편 사례를 보면 우리가 흔히 하는 게임 중에서 사다리타기란 게임이 있다. 이는 시작만 같을 뿐이지 결과의 코스는 다르게 나올 수가 있다는 이야기이다. 여기에서 요점은 시기적으로 전환이라는 카드의 제시와 지혜를 잘 활용하라는 의미이기도 하며, 그 사람의 주관 속에서 결단력을 심판하는 순간이기도 하다.

가슴을 움츠리지 말고 가슴을 펴고 마음을 열자. 가슴으로 테르펜의 정기를 맞이하고 그 정기로 하여금 싱그러운 기운을 받자. 새로운 기운을 받아서 기존에 하는 일과 앞으로 하고자 하는 일들이 더 많은 성과를 올릴 수 있도록 해야할 것이다.

하루에 한 번쯤은 소나무를 바라보자. 어려운 환란에서도 꿋꿋이 우리를 지켜주었으며 또한 지금은 생체에 유익한 테르펜을 공급해 주지 않는가?

소나무는 실용적인 길을 열어 주며 희망을 인도해주는 마음에 등불과도 같다. 건축에 있어 집 짓는 용재 중 중추역활을 하는 대들보처럼 그저 옆에만 있어도 마음이 든든하며 용기가 솟아나는 힘의 원천이 되기도 한다.

소나무 잎은 우리가 살아감에 있어 많은 자극과 반성의 기회를 충족하며, 생체적으로 침의 효과가 있다. 침술이라는 것은 사람들이 경락의 혈이 이상이 있거나 근육과 신경이 이상이 생겼을 때 치료 또는 응급요법으로 활용하는 방식이 침술이라고 말한다.

필자가 사용했던 민간요법을 소개하고자 한다. 소나무는 조선솔을 선택하고 솔잎 중에서 낱개를 모아서 봉을 만들고 그 솔봉으로 하여금 손과 발 경락을 찾아서 침압을 해보면 시원스럽고 효과가 있을 것이다.

직장과 생활환경에 따라 다르겠지만 도시의 공기는 생체의 호흡순환에 있어 생체에서 요구하는 신선도의 환경적 수준은 아닌 듯싶다.

공기 오염도가 높을수록 생체의 기능은 저하된다. 기능이 저하되면 면역력이 약해져서 감기 기운이 감돌기도 하고 사람들의 마음을 움츠리게 하는 현상이 드높다. 도시에서는 소나무를 좀처럼 보기 힘들고 정원에 식재되어 있다 하여도 몇 그루 정도에 불과하다. 대형 건물 앞 정원에 조경용에 불과하기 때문에 테르펜의 정기를 받기는 어렵다. 자기가 사는 가까운 숲을 찾아 1주일에 한 번 정도는 소나무의 정기를 받아보는 것도 바람직할 것이다.

숲을 찾아간 시간은 버려진 시간이 되지 않을 것이며 마음이 신선해지며 가슴이 뚫리는 기회가 될 것이다.

소나무처럼 몇백 년을 살려고 하지 말자. 장수에 연연하기보다는 실리적인 삶의 영위가 중요하다고 본다. 세컨드 라이프의 성공을 위한 실리적 기초에는 비움이라는 교훈이 있다.

① 마음을 다스려야 한다. 전직에 있었던 허상의 올가미를 벗어라.

② 전직과 관계된 지인들 및 친인척 관계, 주변 재정립의 필요성

③ 소유의 재물을 재안배하라.

④ 개성 창조 및 하고 싶은 기능적 취미를 찾아라.

⑤ 자연에 진리를 득하고 삶의 가치를 바르게 탐구하라.

⑥ 자아 스스로의 자세를 낮추어라.

⑦ 배우자와 관계에 있어 서로 사랑하며 존경하라.

위와 같은 기본 자세를 갖추고 나서 2차로 그 일들을 실행할 지역적인 선택이 남아 있다.

제2의 생활을 하는데 있어서는 주변의 환경이 매우 중요하다. 근자에 들어서는 선호하는 지역이 도시 근교의 전원지를 많이 찾고 있지만, 필자는 다른 의견을 가지고 있다.

전원생활만이 황혼의 생활로서 으뜸이라고는 말할 수가 없다. 장소 선택에는 일반적인 개념보다는 본인과 배우자와 합의하에 취향에 맞는 지역을 선택하는 것이 제일 바람직하다고 볼 수 있다.

한 가지 사례를 들어본다. 필자 주변에도 세컨드 라이프를 꿈꾸며 전원생활을 시작한 사람이 몇 분 계신다. 이곳은 시골이며 산하고 근접되어 있다. 전원이라기보다도 산골 생활이다. 산촌에서 임산물 생산이 아닌 전원생활을 한다는 것은 매우 어려운 일이다. 만약에 그래도 전원생활을 원한다면 전원 단지를 찾는 것이 바람직할 것이다. 제2의 인생 창조란 황혼기의 삶을 이야기하는 것만은 아니다. 삶에서 길을 걷다가 보면 방향을 바꾸어야 할 때가 많이 있다는 것이다.

방향 전환에 있어 미리미리 좋은 방향으로 준비를 하자는 것이다. 준비란 평상시에 마음으로 조금씩 지혜를 쌓아둔다는 의미도 있다.

우리는 요즈음 급한 속도로 물질과 문명들이 바뀌고 있는 시대에서 살고 있다. 오늘은 현재이고 내일이 미래라고 한다면 내일은 보장할 수 없는 것이 우리가 살고 있는 미래가 될 것이다. 때문에 미래란 항상 새롭게 준비하는 자만이 자기가 원하는 자유로운 삶을 만끽하면서 살아갈 수가 있을 것이다.

녹색의 자연 속에서 새처럼 자유롭게 지저귀고 새처럼 자연스럽게 날개를 넓게 펴고 높고 멀리 날아보자. 희망의 구호를 외치면서 말이다.

비움의 마음에 선(鮮)의 빛을 담다

열린 눈[眼] 닫힌 눈[眼]

사물을 바라보는 방식은 두 가지가 있다. 하나는 눈을 뜨고 보는 법이고, 다른 하나는 눈을 감고 보는 법이다.

눈을 뜨고 사물을 감상하는 것은 외면의 감성을 척도하는 것이요, 눈을 감고 사물을 감상하는 것은 내면에 있는 진리감을 척도하는 것이다.

사물을 바라볼 때 외면만 보지 말고 내면도 볼 줄 알아야 한다. 외면의 화려함은 내면의 미숙함을 포장할 수가 있고, 그 포장된 부분은 쉽게 병들고 상처로 남게 된다.

사물을 바라볼 때 유유한 마음으로 선입견에서 벗어나라. 맑고 따뜻하게 열린 눈으로 바라보라.

그러면 새로운 관계가 형성되고 마음으로부터 생기가 돌 것이다.

눈을 뜨고 있다 하여 열린 눈이라 말할 수 없으며 진정한 내면을 볼 수 있는 눈이야 비로소 열린 눈이라 말할 수 있을 것이다. 당신과 나, 우리 모두가 이 밝은 세상을 열린 눈으로 바라보자. 그러면 곧 당신의 가는 길 속에서 가고자 하는 길이 함께 열릴 것이다.

높고 넓은 곳을 헤아리려고 하는 의욕과 보려고 하는 관능욕이 있다면 높고 넓은 공간을 만들어야 한다. 그리고 그 공간을 비워두어야 하며, 그 공간을 통한 다른 세계가 보일 것이며 새로운 지혜가 담길 것이다.

그리고 희망의 빛을 맞이할 것이며 구해진 희망의 빛으로 하여금 원하는 꿈을 꾸게 될 것이다. 또한, 그 꿈은 현실적으로 자기 곁을 방문하여 실용의 기회를 추구하게 될 것이다.

선(鮮)의 빛을 따뜻한 마음으로 바라보자. 행운의 복운과 동녘의 빛 여명을 맞이할 것이다.

선(鮮)의 빛을 차가운 마음으로 바라보면 부정의 길과 지는 해 석양을 맞이하게 될 것이다. 선의 빛을 바라보고 생각하면서 맞이하는 방법에 따라 자기의 형상체가 그 속으로 묻히게 되며, 이것이 곧 자기 내면의 빛이라 할 수 있다.

외면의 모습으로 비춰지는 빛은 나를 포장할 뿐이지 자아의 실체는 아니다. 우리는 내면의 빛과 소리를 맞이하고 그 빛과 소리를 통한 자기 성찰의 기회를 맞이하자. 마음은 바람과 같이 나그네 모습을 하기도 한다. 마음은 나무에 매달린 나뭇잎처럼 쉼 없이 흔들리기도 하고, 마음은 새들의 모습처럼 하염없이 방황의 날개짓을 하기도 한다.

자연의 세계에서는 마음과 바람과 새는 생활을 공유하며 환경을 영위한다. 사람의 마음은 갈대라고 했던가. 갈대를 움직이는 것은 바람이며, 바람 같은 마음은 때로는 나도 모르게 나의 모습을 잃어버리게 한다.

사람의 마음은 투명하여 보이지도 잡히지도 않는다. 생활에서 설정되는 상황들의 순간순간 감정의 부조화로 자아 스스로를 속상해하기도 하며, 스스로를 미워하는 동기가 발생되기도 한다. 그를 통한 원망의 울분을 자기 합리화를 위한 소명의 기회조차도 없다는 것이다.

나뭇잎의 생리적 원리를 통한 생활의 실용을 익히는 기회를 가져보자.

활엽수에서 나뭇잎의 흔들림은 갈대인 양 바람에 흔들리는 기능만 보일지 몰라도 내면으로는 자기 영양소 공급이라는 기능을 동시에 수행을 하는 중이며 여유를 보여주는 단면이기도 하다.

사람 내면에 있는 마음도 때로는 미칠 듯이 요동을 치더라도 자기 중심적인 자신의 색깔에서 벗어남 없이 유연한 에너지로 흡수하는 동시 편차에서 여유를 가지고 대처를 하자는 것이다.

부동자세로 흔들리지 않는 마음은 인간의 마음이라고 할 수없다. 잎새는 흔들리되 가지는 흔들리지 말 것이며 이런 현상을 융통이라는 표현으로 접근하며 융통이 없는 생활은 활동 영역에 있어 마이너스와 왕따란 직위를 얻게될 것이다. 그에 연장 선상에서 고독과 외로움이 당신의 마음으로 방문하게 될 것이다.

어떤 형태로든 비움이란 항상 새롭다

사람 생활에서 일일 숙제 중 배변이라는 과정이 있는데, 내면에 있는 생리 현상이 부분을 비워야 하는 이 행위조차도 몸부림치며 고통을 받는 이들이 많다.

사람마다 생체 기능이 다소 다른 점이 있어 생체 기능을 탓하기도 하지만 이 문제는 생체와 자연의 생리 현상으로만 미루기는 자기모순이라는 논리가 잠재되어 있다. 스스로의 관리 부족과 평소 관심 부족으로 인한 부실의 원인이라고 볼 수 있으

며, 때문에 덕(德) 행위에 있어 고통의 발생은 자기관리 부족에 의해서 발생된다고 말할 수 있겠다.

평소에 자기관리가 잘되어 있고 하고자 하는 일에 준비가 잘된 자들은 일상생활에 있어 배변의 논리를 통한 비움의 상쾌함과 그에 효능을 느낄 수 있을 것이다.

비움이란 타인을 위해 배려할 수 있는 공간이 있다는 것이며, 비움의 공간에서는 봉사와 용서할 수 있는 여유를 갖는다는 것이다. 비움의 자리 뒤에는 욕심을 담는 것이 아니고 더불어 가는 새로운 이정표를 담는 것이다.

이때 새로운 이정표란 진정한 마음으로 비움을 준비한 자(者)에게는 그 스스로가 번민에 쌓여 고뇌의 늪에서 몸부림칠 때 선의 빛이 현명한 이정표의 길을 인도할 것이다.

비움이란 외면의 그릇을 탓하는 것이 아니고 내면의 그릇을 비워야 비움이라고 말할 것이다. 마음에 때를 씻어내며 정화의 수순을 거쳐서 마음에 새로운 것을 무엇으로 채워야 하는가를 생각할 때이다.

비움에서 의미는 내 안에 있는 부조화의 모습들과 욕심을 제어하자는 것이며, 비움이라 하여 모두를 비움이 아니고 분수에 맞는 욕심다움을 가져보는 것도 바람직하다.

상황에 따라 행함에 있어 부족함이 없는 욕심은 부리되 넘치는 욕심은 삼갈 일이다. 미련없이 떠나 보내자. 내 안에 있는 부조화스러움을 떠나 보내자!

내 삶에서 마디마다 층층마다 정리하여야 일들이랑 내 마음으로부터 보내주자. 미련이 있다 해도 과감하게 잊어야 한다.

새 자루에 새 물건을 담으려면 자루의 내부를 비워야 하듯 아쉽거나 섭섭할 필요가 없다는 것이고 과감성이 있어야 한다. 내 안에서 잡고 있을 때 고통보다도 떠나 보냈을 때 섭섭했다면 이것은 당신에게 득이 되는 일일 것이다.

사람들은 삶을 살아가면서 한 번 또는 두 번쯤은 이사라는 과정을 행한다. 이삿짐을 정리하노라면 버려야 될 것과 짐을 쌓아야 할 것을 두고 고민이 되는 부분이 많이 있다.

비움에 있어서는 결정과 결단이라는 실행의 단어가 수반하게 된다. 단어의 내용에 있어 정(定)은 마음과의 합의하는 과정이요, 단(斷)은 마음으로부터 버려야 하는 순간이다.

어려운 실행이다. 처음 순간적으로 마음이 닿는 선택으로 행함이 후회가 적을 것이다. 비움에 있어 재물을 비움이야말로 얼마나 고민이 되겠는가? 어렵지만 우리가 현실을 살아감에서 피해갈 수 없는 부분이기도 하다. 때문에 재물을 비움에 있어 마

음의 수련이 필요하다.

이삿짐을 정리할 때 부부싸움이 종종 있을 때도 있다. 또 잊고 있었던 부분 중에 귀중한 물건이 새롭게 나오기도 한다. 비움의 자세를 갖추다 보면 새로운 물질과 새로운 방법이 스스로에게 다가온다는 이야기이다. 그래서 비움이라는 프로그램은 아이러니한 일도 많이 발생이 되기도 하지만, 자기 능력개발에 발판이 되기도 한다는 사실이다.

비움에 있어 기부 문화라는 것이 있다. 나는 기부 문화에 있어 어떤 방식으로 참여할 것인가를 생각해보자.

기부 문화란 나에게 있는 것 일부분을 희사하여 타인에게 도움이되는 행위라고 볼 수 있을 것이다. 나는 어떤 부분을 할애할 것인가?

돈, 시간, 능력(기술 포함), 단순 봉사 등이 있다. 현대 사회에 있어 비움이란 단어와 기부 문화라는 단어가 있기는 하나 선뜻 참여하기란 매우 어려운 일이다. 어려운 일을 하는 것이 자신다움의 가치로서 보람되고 아름다운 일을 했다고 할 수 있을 것이다.

마음을 다스림에 있어 선의 빛을 내 안에 맞이하고 때로는 바람처럼 때로는 나뭇잎처럼 때로는 새처럼 자연 속에서 지혜롭게 행실을 순응할 필요가 있다.

삶의 마디마다 배려와 감사의 덕(德) 쌓기

배려를 받으면 빚이요, 빚은 곧 불행이라고 말할 수 있을 것이다. 먼저 주어라. 베풀어라. 마음이 가벼울 것이다. 그러면 곧 행복해질 것이다.

생애(生涯) 리듬의 아름다운 선율은…, 삶에서 쉬어가는 바로 쉼표다. 생활 마디마다 쉬어가는 쉼터가 있다. 쉼표란 단순히 쉬어간다는 의미도 있으나 감사를 표현하는 매듭이기도 하다. 정신적 번뇌, 육체적 고뇌, 삶의 애환…, 생애에 있어 사람은 누구나 강을 건너고 산을 넘어야 하는 기구한 운명을 안고 있다. 간혹 우리네는 강을 건널 때 주춤하고 산을 넘을 때는 한숨을 쉬곤 한다. 생을 슬기롭고 아름답게 장식하려면 리듬을 잘 맞추어야 하고 선율의 쉼표를 지혜롭게 활용할 줄 알아야 한다.

농경사회에서 흔히 사용하는 두레라는 단어가 있다. 품앗이라는 표현을 하기도 하며, 상생을 위해 서로 덕을 나누는 일이라 해도 좋을 듯싶다.

상대를 위한 배려하는 마음, 기다림의 너그러움….

자기 얼굴에 책임을 지라는 말이 있다. 얼굴에 드러난 계급장을 의미하기도 하다. 산림에 있어 대나무라는 수목이 있다. 그 대나무는 하늘을 향해 줄기차고 힘차게 뻗으면서 성장을 한다. 그 나무의 특성상 곧은 반면 마디가 굵고 마디마다 절개가 있으며 정확하게 자기 표현을 하면서 성장을 한다.

사람에 있어 절개라 한다면, 한 마디를 10년 단위로 표현하고 10세부터 80세까지 나열한다면 8마디의 절개를 표현할 수가 있을 것이다.

사람들은 10년 단위를 어떻게 자기 자신을 표현하고 정리하면서 그 다음 마디를 설계하며 살아가고 있을까.

정리는 또 다른 새로운 물질을 맞이하자는 표현이고, 정돈은 물질을 저장하고 출력이 편리하도록 표현하는 것이다. 밝은 내일의 신물질을 접하려면 새로운 것을 맞이할 준비가 되어 있어야 한다. 새로운 물질을 접하려면 새로운 정보를 제공해 주는 곳이 있어야 하고 정리, 정돈 속에 미래를 설계할 수 있는 기회가 주어진다고 볼 수 있다.

마디의 기능이란 10~80이라는 숫자가 다르듯 각각의 기능과 성질이 다르다. 성공한 자와 행복을 느끼는 자들의 그 내부적으로 속성을 보면 마디마다 정리가 잘되어 있다는 것이다. 성공자들의 파일 박스는 정돈 자체가 잘되어 있었고, 실패자와 불행을 느끼는 자들은 마디마다 정리가 잘된 것이 아니고 파일 박스의 정돈 자체가 엉켜저 있다는 말이다. 결과적으로 성공을 하는 자와 실패를 하는 자는 마디마다 결과물이 다르다는 것이다.

오늘에 있는 일이 정리 정돈이 잘 안 되면 내일의 새 업무를 진행할 수가 없다. 진보성 없이 정체성을 말함이고 성장 없이 고사의 길을 선택하는 것이나 진배가 없을 것이다. 우리가 일상에서 업무를 처리하다 보면 잘 풀리지 않는 부분이 있다. 이럴 때 쓰는 표현이 '산 넘어 산'이라는 표현을 자주 쓴다.

겹겹이 방패막이라고 하는데, 이를 희망이 없는 절벽, 엄두도 안 나는 태산이라는 표현으로 희망을 찾아보기보다는 또한 도전에 앞서 절망을 하여 스스로 자포자기하는 일이 비일비재하다.

첩첩산중이라 하여 희망이 없고 자포자기를 하는 사람은 인생에 있어 자기 마디별 정리 부족과 미래에 관한 준비성이 부족했다고 볼 수 있다. 우리 주변에 있는 산은 지혜를 품고 있으

며, 그 지혜를 활용할 수 있는 기운이 맴돈다. 높은 산의 정상일수록 가는 과정은 험난하다. 산의 신은 오르는 이로 하여금 의욕을 실험하는데 정상 도전자의 마음에 정리를 통한 준비의 과정을 시험에 들게 할 것이며, 준비란 인내와 노력과 기획성을 수반할 것이다.

인생살이는 쓴맛을 보아야 비로서 인생의 맛을 보았다고 할 수 있다. 높은 산을 정복하고자 하는 자는 산의 기운, 즉 산세를 익혀야만 길을 얻을 수 있다. 준비성 없이 의욕과 용기만을 가지고 오르는 자는 작설(雀舌) 같은 죽음을 조용히 맞이할 것이다.

중용이 아닌 길은 탐하지 말 것이며 도전을 해보기도 전에 할 수 없다는 말 자체도 삼가라.

중용의 정도를 헤아리는 자는 길이 보일 것이요, 정상으로 가는 길도 쉽게 얻을 것이다. 그리고 그 정상에 서서 아름다운 작은 봉우리의 세계를 바라볼 수 있는 행운의 기회가 주어질 것이다.

일상생활에서 정리 정돈이란 여러 가지로 분류할 수 있는데, 그 중에서도 가장 어려운 부분이 인간관계이다. 부동산의 재산 따위는 개인의 의사와 감정에 따라서 정리가 가능하나 사람의 관계는 어려운 부분이니 총명한 지혜로 해법을 찾아야 할 것이다.

자신의 주변 조직에서 상하좌우의 관계, 가정에서 부인과 자녀와의 관계, 친인척의 친화관계 등은 참으로 미묘한 관계의 물질이다. 정식 매뉴얼이 없는 부분이기도 하며 헤아림이 어려울 때에는 자연의 법칙에 적용하는 것도 바람직하다고 생각하는 바이다.

세상사 일들은 쉽게 보면 쉽고 어렵게 보면 어렵게 풀릴 수가 있다. 서로 이해관계에 있어서는 갈등의 폭이 클 수도 있는데, 가벼이 여기는 자들이 많이 있어 소홀한 틈을 타서 서로의 신뢰가 금이 가고 깨어지는 과정들이 다반사이다.

위와 같은 일들은 이곳저곳에서 나타나고 있으며 작게는 가정에서 또는 직장에서 또는 사회에서 점점 늘어가고 있는 추세이기도 하다. 이 문제에 관하여 우리 모두가 관심을 가지고 가족 생활 매뉴얼도 새롭게 만들고 바른 생활 학습의 기회도 가지며, 정리와 정돈을 하는 차원에서 우선적으로 실행을 해야 하는 부분이다.

생활에 있어 나침반을 보는 관습을 가까이하자. 내 안에서 나의 생각은 나를 작게 만들고 판단력을 흐리게 할 수가 있다. 나의 방향을 새롭게 설정하고 진보성의 면에서 스스로를 정체의 길로 가지 않도록 인도하며 내 안에서 작게 안주하고자 하는

습성이 없도록 해야 할 것이다.

나침반을 보는 관습이라 함은 교육이라는 스승을 앞세우면서 일상생활의 늪 속에 나의 게으름을 새롭게 저울질해 보자는 의미도 담겨져 있다.

등대 불빛과 기다림의 생애

빛은 누구에게나 평등하다. 자연의 산물인 빛은 많이 갖고 싶어한다고 해서 돈을 많이 달라고 고지서를 보낸 바도 없다.

다만, 내 마음이 닫혀 있느냐 열려 있느냐가 다를 뿐일 것이다. 얼마나 많은 빛을 맞이할 것인가는 자신의 마음과 노력에 달렸다.

등대의 불빛은 돌고 도는 구조로 되어 있다. 그리고 그 불빛은 아주 작으며 여러 개로 결합이 되어 있다. 이 불빛은 먼 거리를 비추어 주며 일정한 각도가 있는 특징을 가지고 있다. 때문에 만인의 평등과 동시에 필요한 자만이 사용하라는 이론이 내재되어 있다. 불빛은 빛이로되 스스로가 필요가 없으면 사용을 안 해도 되는 사양이며, 또한 사용하든 사용하지 않든 간에 불은 밝혀준다는 논리이다.

그래도 당신이 내게 다가옴에 있어 길을 안내해주며 안전하게 오라고 손짓하며, 당신을 하염없이 기다린다는 것이다. 이 부분은 우리들은 마음에 신뢰라고 표현하며 상대방과의 교류에서 공감대가 형성되었다고 표현을 하기도 한다. 불빛은 내 마음에 있어 감정을 표현하는 것이다 .

사람끼리 눈빛이 마주쳤다. 눈이 마주치면 사건이 시작된다. 남녀 간에 눈빛이 맞으면 정분이 싹트고 사랑을 맺으려 한다. 빛은 아이디어를 창출하고 행운의 창을 열어준다.

빛[光]의 환경적인 속성이란 사람 누구에게나 파장을 하며 자기 주변을 맴돌고 있다는 것이다. 그런데 사람들은 그 빛을 감지할 수 있는 여유의 공간과 센스가 부족한 듯싶다.

행운과 행복…. 이러한 물질은 멀리도 가까이도 아닌 자기 마음에서 시작된다는 것이고, 행운의 기회는 항상 내 주위에서 맴돈다.

많은 이들이 행운을 찾는 방법에 있어 어리석음에 연속인 듯싶다. 생활에서 생각을 하면서 움직이자 기회 속에서 찬스의 방식을 얻을 것이고 원하고자 하는 물질의 가치가 보일 것이다. 삶에서 누구에게나 기회는 평등하나 찬스는 냉정하며 그 대가로 인내의 방식을 요구할 것이다.

찬스로 가는 길목과 행운의 기회는 투명하므로 보이지도 냄새도 형체도 없다는 것이다. 언제 어떤 방법으로 잡을 것이냐의 방법론은 능력과 지혜와 슬기가 동반되어야 한다. 이는 준비된 자만이 성공의 지름길로 가는 행운의 열쇠를 손에 잡게 된다는 이야기이다.

행운의 열쇠를 잡기 위해 자연 속으로 들어가 수련의 기회를 가져보자. 저 하늘에 이글거리는 태양은 인간으로 하여금 음과 양의 우주 공간의 원리와 생활공간에서 삶의 지혜적인 해법의 논리를 제공한다.

태양은 지구를 통한 인간에게 빛을 제공함과 동시에 양지와 음지라는 양면성과 양 기운과 음 기운이라는 학설을 제공하기도 한다. 그 기운에 따라서 울고 웃는 가벼운 헤프닝이 벌어지기도 한다.

자연의 학설에 매료된 자들은 태양을 선호하며 양지와 햇볕만을 고집하는 자들이 있다. 이런 방식은 우매하며 어리석은 판단이라고 생각을 하며, 지혜와 슬기로운 자는 햇볕 중에서도 중용을 선호한다는 것이다.

간혹 소인자들은 음지의 그림자를 선호하는 이들도 많이 있다는 것이다.

스포츠 경기에서 진정한 승리자는 경기 도중 기술을 노출하지 않는다는 작전도 있다. 사회에 있어서도 중용의 노선을 가면서도 출세를 한 자들이 부지기수이다.

사업에 있어 현명한 오너는 태양을 활용함에 다이아몬드의 기법을 적용할 것이고, 이 기법 속에서도 중용의 기법을 활용해야 한다.

또한, 태양은 행복과 불행을 동시에 주는 양면성의 물질이니 물과 불을 다루듯 적절히 활용할 것을 깨달아야 할 일이다.

사람들이 그렇게도 갈망하는 에너지원인 산삼은 깊은 산속에서도 중용의 숲에서 자란다. 양지와 음지론은 생을 살아가는 이들의 각자가 판단에서 적절하게 응용함이 바람직하다.

태양의 빛과 그림자 활용에 관한 논리를 설명하자면, 태양의 빛은 직접 바라볼 수도 없고 만져볼 수도 없다는 것이다. '그림의 떡'이라는 표현으로 일맥상통하며 빛의 그림자는 바라보면서 원하는 데로 조정이 가능하다는 것이다.

업무 수행에 있어 조정자를 통하여 실행하되 다만 어떻게 조절하느냐가 관건이며, 그에 상응하는 결과물이 주어질 것이다.

기회와 찬스의 기법을 활용하기 위해서는 은폐와 엄폐물의 기능이 필요하다. 그 물질의 한 방편으로 기·다·림의 자연 자원을 활용해보자.

독수리와 매의 사냥 기법을 살펴보라. 목표물이 선정되면 두 눈은 피 물체의 동선을 주시하고 기회와 찬스를 탐색하며 기회를 노린다. 어떻게 포획할 것인가를 결정 내린 후 피 물체가 허점이 보이면 전력을 다하여 피 물체를 공격하여 포획에 성공한다.

여기서 독특한 기법이 있다면 가까이 접근 시 소리가 나지 않는다는 것이다. 정리를 해보면, 매는 자기만의 특수한 기능을 가지고 있다는 것이고, 그 기능 중에서도 사냥을 할 때에는 햇볕과 바람을 활용한다는 것이다.

때로는 말 못하는 동물의 세계에서 동물과 식물들의 생존 지혜란 우리 인간으로서도 깜짝 놀란만한 일들이 많이 발생되고 있다.

그 생활 지혜란 도리어 사람이 살아가는데 응용을 많이 해야 되는 편이기도 하다. 여기에 힘입어 자연을 활용한 지혜를 얻고자 기·다·림이라는 자원의 소재를 접하여 최대한 활용하는 것이 기회와 찬스를 잡는데 유용한 통로가 될 수 있을 것이다.

사업에 있어 성공은 사업운이 따라야 된다고 흔히들 이야기 한다. 운이라는 것은 주변의 도움이라고 표현하고 싶고, 평소에

지인들의 덕으로 성공의 길을 인도하는 듯싶다. 직장에서의 승진 기회는 찬스가 매우 중요하다. 찬스의 카드를 잘 활용해야 하는데, 순간 판단이 잘못되어 활용하게 되면 낭패를 보는 경향이 많다. 찬스의 기능은 판단력과 결정력을 요구하며 이를 잘 조화롭게 작품을 만드는 자가 정당한 찬스를 가질 수 있는 능력자라고 말할 수가 있을 것이다.

기다림이라는 자연 자원의 해법을 찾아보자

기(氣), 더 높은 정기를 마시고 건강한 몸과 정신으로 총명한 찬스의 기회를 다[茶] 약차 한 잔에서 기운을 얻고 공평한 조건에서 게임을 하고 경쟁을 한다면 림(啉), 림의 기운과 지인들의 지혜로 하늘이 내린 우수한 결과물이 주어질 것이다.

제3장

도시민 활력을 위한 기다림의 기능

생활에 있어 시작이 아름다우면 끝이 행복하다.
아름다운 생각으로 시작을 하면
평온한 길이 다가오고 결과물도 좋다.

분위기, 차로 영감 창출

"시작은 발전의 약속이며 화합은 성공의 열쇠이다."라는 표현도 있다.

첫걸음에서 진보성을 말함이요, 좋은 생각이 여러 가지가 모이면 성공의 확률이 높다는 의미와도 같다.

무엇이든 시작에 있어 첫걸음이 매우 중요하다.

지도 한 장 없이 새로운 길을 찾아 가려면 마음으로부터 중압감이 들고 첫걸음을 내딛기는 하나 발걸음이 순조롭지는 못하여 길을 찾는데 능률이 저하되는 경우가 발생할 수 있으며, 결과적으로 시간 소비라는 경제적인 손실이 발생되기도 한다.

어떤 일을 하고자 할 때 기획과 계획이 필요하며 설계도가 있어야 한다. 새로운 설계를 구상할 때 두뇌로부터 아이디어를 출력해야 되는데 도무지 생각은 오리무중이고 마음이 답답할 때가 있다. 이럴 때에는 기, 차 한 잔을 의미하는 것이다.

신선한 약차 한 잔을 마시고 있노라면 머리를 맑게 하여 신선한 공기가 스쳐가듯이 좋은 영감이 떠올라 좋은 결과물로 이어질 수 있는 초석이 되기도 한다.

사무실에서 직장 동료끼리 능률 향상을 위한 분위기를 조성하는 의미에서 기, 차 한 잔으로 격려와 동시에 아이디어가 창출될 수 있는 기회가 되기도 할 것이다.

차를 의미하는데 있어 한 모금의 물을 마시자는 의미보다도 좀 더 건설적이고 진지한 생각을 해보자는 것이고 동료 간에 교감을 높이자는 목적도 수반된다.

사무실에서의 분위기란 고객을 맞이할 때 자기 자신의 자세를 갖추고 고객을 편안하게 해주며 상대의 의견을 최대한 수용해 주는 쪽으로 환경을 조성해야 한다. 주위가 산만하지 않도록 이야기를 주도해 가야 된다는 것이고 사이사이에 추임새를 넣는 것도 잊지 말아야 할 부분이다. 그리하여 고객으로 하여금 기분이 좋고 충분한 대화가 되었다고 생각하리만큼 분위기를 조성해 주는 것이 분위기 차의 기능이라고 할 수 있다. 자세도 중요하지만 고객에 따라서 때로는 기분에 따라서 고객에 의한 차 주문이 아니고 손님을 맞이하는 쪽에서 차 메뉴를 선택하는

관심을 보여줄 필요가 있다.

예를 든다면 "어떤 차를 마시겠습니까?"가 아닌 "오늘은 이런 차가 좋겠네요."라고 손님을 맞이하는 쪽에서 먼저 권해주는 것이다.

그러면 고객으로부터 감사하다는 응답이 나올 것이며, 이 순간 손님으로부터 새로운 정보를 얻을 수 있는 기회가 주어진다. 직장 동료들 사이에서는 발상 전환의 기회가 될 것이고 새로운 아이디어가 창출되는 사무실 분위기가 형성될 것이다.

환경적인 자세와 더불어 차 메뉴의 선택도 중요하다. 차의 향과 차의 맛은 생체 신경 전달 물질로 하여금 자연스럽게 두뇌로 전달되어 두뇌 활동을 촉진하며 생체 각 기관들의 활동을 보조해준다.

앞으로 기, 차 문화는 생체 생리학적으로 접근해볼 필요가 있다. 필자도 연구를 거듭하고 있는 중이다. 오래전부터 임상실험을 해왔으며 많은 이들로 하여금 효과의 우수성을 인정받은 바 있다.

사무실 공기를 맑게 하자

공기가 탁한 상태에서는 기, 차 한 잔을 마시더라도 신선한 영감을 창출할 수가 없다. 그러므로 공간적으로 분위기를 자연스럽게 조성하자. 도심에서는 불가분할 경우 실내에 식물이라도 놓고 공기를 정화할 수 있는 방법을 최대한 활용하는 것이 바람직하다.

필자는 어떤 업무에 있어 새로운 디자인을 할 때 좀처럼 원하고자 하는 작품이 안 나올 때에는 연구소 주변에 있는 정자에서 기차 한 잔을 즐기곤 한다. 피톤치드의 신선한 기차 한잔은 두뇌를 맑게 해주며 신선한 아이디어를 창출할 수 있도록 촉진해주는 역할을 하는 듯싶다.

생체 색상과 나침반의 변화

인간의 일상은 색깔 선택의 연속이다. 하지만, 이러한 선택 과정은 무의식 중에 본능적으로 이루어지기 때문에 색에 대한 욕망은 사실상 잘 의식되지 않는다.

매일매일 우리는 색을 선택한다. 하루를 시작하기에 앞서 그날의 필요에 따라 다른 색의 옷을 선택한다. 바쁜 회의가 있는 날은 활기 넘치는 빨간색 옷을, 지위가 높은 사람들이나 연장자 등 다소 어려운 사람들을 만날 때는 차분한 파란색 계통의 옷을 입는다.

집[家]은 세상의 온갖 스트레스와 긴장으로부터 당신을 보호해주는 개인적인 공간이다. 집은 자신이 원하는 일들을 하면서 시간을 보내는 곳이다. 집에서 보내는 시간은 에너지를 충전하는데 있어 가치를 따질 수 없을 만큼 소중하다. 이러한 점으로 미루어 볼 때 색의 강력한 효과를 유용하게 활용하는 것은 참으로 중요한 문제가 된다. 집의 방향과 음양오행에 기초하여 집안 곳곳에 적절한 색조와 톤을 선택한다면 긍정적인 공간이 창출되고 즐거움도 많아질 것이다.

모든 문화는 색의 영향을 받는다. 이는 파란 하늘, 붉은 태양, 초록 잔디 등 우리를 둘러싼 자연을 통해서도 쉽게 찾아볼 수 있다.

인간은 눈과 호흡기관, 피부를 통해 색의 스펙트럼을 흡수함으로써 태양광선으로부터 색채를 받아들인다. 우리의 몸은 색이 우리에게 미치는 파장을 통해 정상적으로 기능하고 건강을 유지할 수 있다. 또한, 색은 우리의 내면적인 면, 즉 정신이나 감정에도 작용하는데, 안정된 기분이나 감정, 더 나아가 영혼의 조화를 조율하기도 한다.

많은 사람들은 삶의 변화나 심정의 변화가 있을 때 치유를 위해 색을 사용한다. 예를 들어 인간관계에서 상처를 입은 사람들은 심장의 차크라에 해당하는 색인 녹색계열의 옷에 마음이 끌린다는 사실을 알게 될 것이다.

녹색이 가진 에너지는 인간관계를 회복하고 그것을 지속하려는 자들에게 힘을 실어준다. 또한, 삶을 극적인 전환을 맞이한 사람이라면 뭔가 특별한 추진력을 부여할 수 있는 색을 원할 것이다. 부정적인 사고방식을 떨쳐버리려고 하는 사람의 경우에는 복숭아색이나 살구색 또는 오랜지색 계통에 마음이 이끌릴 수 있는데, 이는 생산성, 행복, 삶의 열정에 해당하는 영적인 부분인 천골 신경부의 차크라와 관계되기 때문이다.

삶의 방향 전환

나의 생체는 어떤 색상을 원할까?

몸이 본능적으로 원하는 색깔에 주의를 기울이는 것은 매우 중요한 일이다. 직장에서 중요한 행사가 있을 때 창의력이나 업무 능력의 확대 등에 어울리는 노랑이나 빨강 등 따뜻하고 활기찬 색깔의 옷을 입고자 하는 자아를 발견할 것이다. 반대로 과중한 중압감에 시달리는 회사 업무에서 벗어나 더욱 건강하고 편안한 환경에서 대안을 제시하는 건강치료 요법사로 일하길 원한다면 녹색 계통의 옷을 입고 싶어한다는 사실을 발견하게 될 것이다.

모든 색깔은 당신의 생활에 영향을 미칠 수 있다. 왜 우리가 일부 색깔들을 특히 싫어하는지를 분석하는 것은 흥미로운 일이다. 이러한 색깔들은 주로 사람이나 사건에 대한 과거의 나쁜 감정적인 기억들과 관련이 되어 있다.

우리가 살고 있는 삶에서 가정이든 직장이든 간에 조직사회에서 흔하게 사용이 되고 있는 말이 있다. “당신은 나하고 코드가 맞지를 않아" 또는 "색깔이 반대야" 등의 흑백을 논하는 일이 자주 발생하곤 한다.

근래에 들어서는 많은 사람들이 몸과 마음으로 동시에 색상으로 자기 자신을 표현하며 우월 시 하려는 자들이 많이 늘어나는 추세인 듯싶다. 필자는 이렇게 생각한다. 현사회는 개성의 시기이다. 그러므로 남에게 보여주고 타인의 눈에 맞게 보여주려고 하는 자기의 색상 표출은 바람직하지 못하다는 것이다. 단지, 남에게 피해를 주지 않는 선상에서 자기만의 고유의 색상을 개발하고 사계절 꾸준히 자기 표현을 하면서 살아가는 것이 삶에서 바람직하다고 생각하는 바이다.

또한, 내면에 있는 생각의 변화를 위해서는 자기만의 색상이 아닌 다른 색상을 내면으로 맞이하는 습관을 길러야 할 것이다. 필자의 연구실은 4면이 녹색이고 하늘은 파랗다. 녹색과 파란색과 울긋불긋한 형형색색의 여러 가지의 꽃들이 많이 있고 그 속에서 자연의 색상에 관한 것을 연구하고 있다. 그래서 그런지 마음은 항상 행복하다.

초록의 색소

마시는 차의 색상을 아름답게 표현해 보자. 차의 맛을 음미하는데 있어서도 현대사회에서는 오감이라는 단어를 많이 사용하고 있다. 사람 사는 생활의 맛에 의하면 떫고, 쓰고, 시고, 달고, 짠맛이 나는 맛을 보아야 비로서 인생에 의미를 느꼈다고 말을 한다는 것이다.

개성에 의한 색상의 기호에 따라 스스로가 하고자 하는 방향이 주어지는 듯싶다. 자기가 주거하고 있는 주택도 주인에 따라서 색상이 달라진다. 교통수단으로 사용하는 승용차의 색상도 주인의 개성을 말해 준다.

그러면 나는 어떤 색상을 선택하여야 아름다운 삶을 추구할 수 있을까!

현대는 컬러 시대이다. 색상도 색상이거니와 감정에 있어서도 개성 시대이다.

삶에서 자기 주체적인 고유의 색상은 반드시 있어야 하고, 그 고유의 색상을 통한 자기만의 기능을 갖는 기회가 될 것이다.

미래 사회는 모든 생활 면에서 빠른 속도의 변화를 요구할 것이다. 미래의 변화 속도에 적응할 수 있도록 컬러의 감각을 익힘과 동시에 깊은 수련을 돌입할 수 있는 기회를 가져보자.

수련이 완성된 후 삶에 있어 당신이 가고자 하는 방향과 원하는 길이 정해질 것이다.

컬러를 통한 두뇌 활성

첫 눈에 반했다. 순간 뇌를 스치는 감성이 있다. 두뇌에서 물체와 색상을 받아들이는 과정이다.

색은 열이나 소리, 복사, 파장 등과 마찬가지로 에너지가 진동하여 발산하는 빛의 형태 가운데 하나이다. 색은 태양광의 순수 백색광에서 발생하며 우리의 몸이 정신적으로나 육체적으로 건강하게 기능하는데 필수적이다.

태양의 광선을 굴절시켜 빨강(적색), 주황, 노랑, 초록, 파랑, 남색, 보라(자색) 등의 무지개색 띠를 프리즘을 통해 볼 수 있다.

우리의 몸이 색을 지각할 수 있는 것은 눈에 들어온 빛을 통해서이다.

또한, 일부 빛은 피부나 우리가 숨쉬는 공기를 통해 받아들여지기도 한다. 우리는 무의식 중에 피부로부터 다양한 색채 에너

지를 느끼기 때문에 어떤 옷들은 편안하고 어떤 색은 불편하기도 한다. 우리 눈은 어떻게 색을 분별하는가 하면 다양한 파장의 방사로 구성된 광선이 우리의 눈에 들어올 때는 눈의 동공과 안방수를 지나서 수정체에 도달하게 된다. 카메라의 렌즈와 유사한 눈의 수정체는 이들 광선을 굴절시켜 눈의 뒷면에 위치하여 빛을 받아들이는 얇은 조직인 망막에 맺히게 한다.

빛이 망막에 맺히면서 신경 에너지로 전환되어 우리가 색을 볼 수 있게 되는 것이다. 망막은 빛을 감지할 수 있는 색소를 가진 두 가지 유형의 세포들로 이루져 있는데, 이들은 간상세포체와 원추세포체이다.

빛이 망막에 맺히는 순간, 하나의 원추세포 안에서는 색소의 구조적인 변화가 일어난다. 눈을 통해 지각되는 빛의 자극은 시각뿐만 아니라 다양한 신체적 정신적 기능을 통제하는 뇌하수체와 송과선에도 영향을 미친다.

가시광선은 인간의 영적 에너지의 영역인 오라(aura)에 영향을 주는 살아있는 에너지이기도 하다. 사람들은 방의 벽지 색깔이 발산하는 진동 에너지에 저마다 반응한다. 블루 계통의 방에서는 대부분 방안 구석구석을 쳐다보면서 즉각적으로 안락함과 평온함을 느낄 것이다. 이는 푸른색이 고요한 단파의 에너지를 발산하기 때문이다. 반면에 따뜻한 장파의 진동을 가진 주황색의 방에서는 활기 넘치고 생생한 기분을 느끼게 될 것이다.

모든 색은 반응을 불러일으키는 구체적인 속성과 보편적인 속성을 함께 가지고 있다. 각기 다른 여러 가지 색이 가진 전반적인 장점을 제대로 이해한다면 생활에 있어 도움이 될 것이다.

빨간색

빨간색은 스펙트럼의 가장자리에 위치하는 진동이 많고 활력적인 색이다. 야망이나 새로운 출발을 연상시키는 이 색은 뜨거움, 흥분, 혈액의 왕성한 순환 등의 느낌을 준다. 지속성, 육체운동, 힘, 긍지 등은 모두 빨간색의 속성이다.

주황색

주황색은 대체로 빨간색의 일부 속성을 가지지만 보다 부드러운 여성적인 느낌을 연상시킨다. 건강, 기쁨, 행복을 상징하며 우울한 기분을 줄여준다.

그러나 지나치면 오만함을 나타내기도 한다.

노란색

노란색은 태양을 상징하는 색으로 자기 표현, 논리적이고 지적인 능력 등을 연상시키는 활달한 색조다. 또한, 희망, 영감 등의 인상을 주기도 한다. 반대로 탁한 색조의 노란색은 부정적인 모습과 연결된다.

녹색

녹색은 자연 조화, 타인과의 공감 등을 나타내는 색이다. 감정을 진정시키고 스트레스를 해소하며 안도감을 준다. 보다 활력적인 면에서 의사결정 능력을 높이지만, 탁한 녹색은 부패나 죽음을 상징하는 부정적인 측면도 있다.

청록색

청록색은 정신적인 피로를 풀어주고 행복감을 높이는 차분하고도 편안한 색이다. 또한, 변화의 기회를 의미하기도 한다.

하지만, 탁해질수록 삶의 발전에 있어 무능함을 의미하기도 한다.

갈색

갈색은 땅의 색이다. 안정적이고 바탕이 되는 색으로 참여와 행동 등을 고무시키지만 어두워질수록 자부심이 약해짐을 상징한다.

색상을 통하여 두뇌 활동을 더욱더 새롭게 하자

경쟁사회이다. 선의적으로 창의력을 발휘할 시기이다.

이런 환경일수록 두뇌 활성은 더욱더 두각을 나타내야 한다. 자기가 생활하고 있는 주변의 공간을 조화롭게 가꾸어보자. 이를 통해서 두뇌 활동을 촉진하는 기회를 가져보자.

필자의 경험에 의하면 자연적인 색상에서 두뇌의 변화와 생활관습이 많이 변하였음을 발견할 수가 있었다. 예를 든다면, 기억력의 변화, 창의력의 변화 등이 있었고 생활관습으로는 배려와 베풂, 여유와 함께 편안한 마음을 가질 수가 있었다.

색상을 통하여 업무 능률 개선점은

첫째, 마음으로 색을 선택할 수 있는 기량을 기를 수가 있었다. 색상을 선택한다는 것은 사무에 있어 어떤 일을 결정할 때 빠른 속도로 결정을 할 수 있는 능력을 배양한다는 것이다.

둘째, 업무를 하고자 할 때에는 지루하거나 힘이 들지 않으며 즐겁다는 것이다.

셋째, 업무 능률 향상을 통한 즐거운 마음과 행복, 그리고 건강이 찾아온다.

직장에서 셀러리맨으로 일을 하든 개인의 일터에서 일을 하든 간에 일에 있어서는 즐거워야 한다. 그리고 금전에 구속이 되어서는 안 된다는 것이다. 즐거움 속에서 열심히 일을 하면 능률도 좋고 그에 따르는 대가는 반드시 수반된다.

일을 실행함에 있어 자기 색상에 맞는 일만을 골라서 하는 일은 미래적으로 진보성이 없고 창의성도 없다. 그리고 그에 수반되는 금전에 있어서도 제한을 받는다.

현실과 더불어 미래적인 삶의 방식은 두뇌 활성을 통한 업무를 많이 요구할 것이다. 오늘을 열심히 살아가되 미래도 준비하는 마음의 여유를 가져보자. 다가오는 시대는 컬러의 센스를 요구할 것이다.

중장기 준비성에 게으름이 없어야 미래의 생활 대열에서 발맞춤 할 것이고 사회는 당신을 필요로 할 것이다.

오색 단풍잎의 열정과 처세술

사람과 사람

사람은 왜 다른 사람들을 만나고 또 만나야만 할까?

교류 관계에 있어서 처세술이라는 지혜를 수반할 때가 종종 있다. 시작과 끝에 관한 표현이다.

생활에 있어 시작이 아름다우면 끝이 행복하다. 아름다운 생각으로 시작을 하면 평온한 길이 다가오고 결과물도 좋다.

만족과 성취는 내가 누구이고 어떤 생각을 가지고 있는 사람인지를 아는 데서 만족이 시작되고 성취감이 끝을 맺는다.

근자에 들어 현대인들은 너도 나도 글로벌이라는 단어를 외치고 있다. 지구 대륙은 5가지 색으로 분류되어 있고, 인종마다 특유의 색을 가지고 있다. 대륙 중에서도 각 나라별로 개성을 추구하며 그 속에서 사람들이 생활을 영위하고 있다.

우리가 살고 있는 사회에도 다면성을 요구하고 있으며 회사별, 가정별, 개인별, 각각의 개성적인 색깔을 띠면서 연속성인 생활을 이어가고 있다.

자연에 있어 나무들도 계절별로 잎의 색들은 변화를 가져온다. 잎의 색상에 따라 시간의 관념을 알고 낙엽이 떨어지면서 세월이 가고 있음을 느낀다.

나뭇가지에 하얀색으로 눈이 내려 있으면 또 일 년이 지나가는구나 생각하면서 색상 변화에 따른 자연의 본질을 이해하려고 노력들을 한다.

현대의 비즈니스는 변화를 요구하는 일이 많다. 그 변화에 적응을 해야만 그 변화의 세계에서 존립하고 권위자가 되는 것이다.

카멜레온 같은 변장술사는 아니더라도 개인 고유의 색이 있고 부재가 되는 보조색이 있어야 한다. 색이란 마음에 간직한 자기 색상과 업무별 기능을 말함이고, 고유의 색상을 상대에게 전달함에 있어 단색이 아닌 다색을 보여줄 수 있는 아름다운 기회가 될 수도 있다.

조직사회에서는 독창성을 주장하기도 하지만 상대의 기능을 존경할 줄도 아는 배려와 이해도가 있어야 한다. 비즈니스에 있어 상대로 하여금 색상을 선택하게 하고 선택된 색에 관하여 정보와 기능을 전달해주는 기법도 올바른 생활관이라고 할 수 있을 것이다.

오색 단풍잎을 앞에 두고 나무색과 잎의 색상별로 색상의 감성을 의미라고 하면 매우 망설여지는 부분이 있다. 처음 색상을 접할 때는 색이 아름답다고 말하지만, 색상에 몰입하다 보면 오색 중 어느 색이 아름답다고 표현하기가 미묘하기 때문이다.

오색을 전체 평가하기는 그렇고 색별로 개성과 특성이 다르다. 전체를 보면 아름답지만 개성적으로 보면 슬기롭고 깊이가 깊다는 의미이다.

오색잎 처세술이란, 사람을 대면할 때 사람의 표면을 보고 평가하지 말며, 외면의 화려함보다는 내면의 세계를 평가하여야 하며, 득과 실 이전에 인간적으로 지속성이 가능토록 살펴보라는 의미이다.

도심을 벗어나 자연을 찾고 경치가 좋은 곳에 머물며 가을 풍경을 즐기노라면 정열적인 단풍잎을 맞이하곤 한다. 형형색색 중에서도 적색 단풍잎은 얼마나 정열적인가! 업무에 있어 단풍잎의 열정을 적용해 보기 바라며, 자연의 가르침은 또 다른 길을 열어 줄 것이라고 기대해도 좋을 듯싶다.

직업 전선에서는 자기가 가지고 있는 재능을 총집합하여 표현하되 후회 없는 표현이 되어야 한다. 타인 및 동료에게 피해가 없는 정도에서 열정적인 표현을 제시하므로 타인으로 하여금 감동을 받으며 맑은 빛의 갈채를 보내줄 것이다.

단풍나무의 성질이란 (카로티노이드)엽록소 때문에 봄부터 적색의 단풍잎 표현을 않는 성질을 가지고 있으며 봄부터 적색잎을 표현하는 나무도 있다. 정상적인 단풍은 봄에는 녹색 잎의 싹에서부터 시작하여 여름 지나 가을을 접어들면서 서서히 탈색을 하여 늦가을 서리꽃과 함께 최고의 절정을 맞이한다.

우리 조직 사회에서도 그러하다. 처음부터 색깔을 뽐내며 생활을 하는 자가 있는가 하면, 처음에는 자기 모습을 감추면서 생활을 하다가 어느 순간 자기 모습을 보여주는 형이 있다. 후자가 기능면에서 능력 발휘를 지속적으로 한다는 것이다. 찬스에 의한 출세의 기회를 맞이하는 케이스가 있다는 논리이기도 하다.

단풍잎의 생리도 그러하다. 봄부터 적색인 단풍은 가을이 되어도 감동을 주는 아름다운 색상을 보이지 않는다. 필자의 의견은 이렇다. 모든 일에는 시기적 순서가 있다는 것이고 자연순리에 의한 힘을 쓸 기회가 주어진다는 것이다. 기회가 왔을 때 힘을 쓸 필요가 있으며 위치가 아닌 자리에서 괜스레 인위적인 자기 색을 표현하여 가치를 낮게 표현할 필요는 없다. 시기성에 나서기보다도 이면에서 내실을 다지고 힘을 축적하여 자연의 기회가 주어졌을 때 열정을 발산하라는 의미를 말하고 싶다.

열정이라는 단어를 사용함에 있어서는 시기를 가려야 할 것이다. 기회가 주어져 최선을 다할 수 있는 환경이 주어졌을 때 자기 안에 있는 기능을 최대한으로 발산하는 기회로 삼아야 할 것이다.

오색 수면(睡眠) 공간을 통한 직관 능력의 향상을 본다

수면 중 직관이 더 활발하게 움직인다고 한다. 직관은 인간의 창조성과 맥이 닿아있기 때문에 꿈에서 본 장면이나 내용을 정리하여 실생활에 활용할 수 있다면 삶의 지혜는 좀 더 여유로울 것이고 업무와도 연관되어 삶의 질을 높여가는데 도움이 될 것이다. 수면을 취할 때도 오색 수면을 취해보자. 그리고 오색의 꿈을 꾸면서 나의 열정을 드높여 보자!

직관이란, 일반적으로 무의식 세계에서 의식 세계로 어느 순간 빛처럼 솟아나오는 회로이다. 지혜라고도 하고 영감 또는 신

의 소리라고도 표현한다.

처세술은 단풍잎처럼 열의와 성의를 가지고 상대와 소통을 해야 할 것이며, 자연 속에서 녹색의 부드러움처럼 손님을 부드럽게 맞이하여야 할 것이다.

상대방 손님과 소통을 잘할 수 있는 처세술은 마음으로부터 신뢰를 쌓는 일이다.

기다림 소재를 활용한 생활 디자인 창작

우리가 살고 있는 지구의 공간 중에는 창작을 할 수 있는 소재가 많이 있다.

지구 중에서 원시림의 공간은 21세기의 생활 공간을 조성하기 위한 디자인적 아이디어를 사람들로 하여금 무한히 제공할 것이다. 미래적인 새로운 삶의 공간을 창조하기 위해서는 기다림의 공간에서 생태가 주는 향기 공학을 탐구하고 창의적인 이론을 성립하여야 할 것이다.

기다림의 소재 범위는 광활하다. 개개인이 생각하기에 따라서 무한의 공간이 될 수도, 유한의 공간이 될 수도 있다. 한 단계 구체적으로 접근을 해본다면 하늘과 땅, 바다, 호수, 산과 들 등을 소재의 범위로 가져올 수 있나.

그리고 그 속에서 소재 범위를 분류해 보면 산과 들, 하늘과

바다의 소 공간을 부분적으로 접하고 자연 소재들을 만나서 활용해볼 수 있는 특혜를 맛볼 것이다. 상품의 창조자는 이 기회에 작품을 만들 수 있는 창작의 시간과 함께 스스로를 평가의 선상에서 아름다운 빛을 볼 수 있는 기회로 삼아야 할 것이다.

새로운 상품 창조를 위한 산업화 욕구에 있어 실용적이면서 지속성이 가능한 상업화란 소비자의 기호와 함께 마음에 감동을 주어야 한다.

상품을 창작하는데 있어 창작의 기법을 논할 필요가 있고, 창작에 있어 창의력 기회를 자연환경에서 창출해야 할 것이다.

그리고 자연에 기법을 따라 그 응용력을 발취하여 자신의 기능으로 만들어야 할 것이고, 그 응용력에 기능을 흡수하기 위해서는 정성과 노력을 수반함과 동시에 인고의 학습 시간을 통하여 기회를 얻으려고 하여야 할 것이다.

인류를 진화시켜오면서 그 진화를 시키는 과정에 있어 앞장을 섰던 과학자들도 변화의 과정에서 필요한 공식이나 학설을 주장할 때 자연의 생리 법칙을 많이 인용한 듯싶다.

현대 문명사회에 있어서도 편리한 생활을 위한 새로운 물질들을 개발하려고 노력을 많이 한다. 그러나 그 방법론에 있어 앞서가는 자들의 물건을 복사하거나 응용하거나 변화를 시키어 작품을 만들고 있어 진화를 느리게 하는 것과 동시에 상업자들 간에 분쟁이 심화되어 사회질서를 혼탁하게 만들고 소비자들로 하여금 상도덕의 순수성을 잃어버리는 감정을 준다는 것이다.

필자는 생태생리 응용기법이라는 공식을 주장하며 이 논리를 창작자가 창작 고안 과정에 있어 대입을 해보자는 것이다.

사람들은 창의를 하는 과정에서 스스로의 자기 자신 안에 있는 세포적 기능을 돌출하기보다는 컴퓨터로부터 자료를 창출하는 쪽으로 관심과 생각이 굳어 있는 현상이다. 무명의 디자이너가 만들어낸 자료가 있다 하더라도 그 기능을 응용하며 입증하는 과정에서 무한한 자금과 시간이 필요하게 된다.

무명인과 소규모 사업장에서는 그 과정을 줄일 수 있는 방법이 자연 기능을 응용하게 되면 실용을 적용하는 동시에 타의 사례에 비교하여 차별성을 돋보이게 할 것이다. 자연 소재를 활용을 하여 디자인을 하다 보면 과학에 흥미를 느낄 수 있고, 자연에 대한 감사와 자연 생태 응용기법의 학술 탐구에 있어서도 진일보하는 계기가 될 것이다.

생활 속에는 컴퓨터라는 자동 시스템 도우미가 있다. 이는 인간이 자동기계로 자료를 입력하여 다시 자료를 출력하는 과정으로 생활에 편리성은 있으나 생활 디자인에서 생태적으로 접

근할 때, 자율성이 부족하다는 아쉬움을 남기기도 한다. 자연과의 거리감이 있고 문명의 삭막함을 느끼는 것은 이와 같은 기계의 활용도와 의존도가 높으면 높을수록 기대와 실망이 동시에 이루어지는 듯싶다.

필자가 산속에서 생활을 해오면서 생태생리의 신비성을 경험한 지는 오래되었다. 그 기능을 생활 응용품으로 상용화한 것도 몇 종류가 있으며, 학술적으로 연구하고 있는 부분도 있고, 기능의 역학적으로 실험하고 있는 부분도 있다. 공간 과학을 논리적으로 들여다보자.

공간 과학 중에서 기다림의 소재를 생활에 응용해 볼 수 있는 방법을 탐구해 보기로 하자.

자연에 있어 생태 소재 기능을 상품의 제조 과정에서 직접적인 원료로 사용할 수도 있지만, 생태 자원의 기능을 간접적으로 활용하는 사례가 더 많다. 우수한 과학자의 활동면에서 보면 두뇌에 있는 아이디어를 창출할 때 자연의 피조물을 창의력 도구로 이용을 하는 사례를 많이 볼 수 있다. 해당되는 물체 분석을 통한 신물질을 창조하는 이론을 만들어내는 데는 자연의 지혜가 있다 해도 과언이 아닐 것이다.

자연 생태 기능을 생활의 아이디어로 간접적으로 활용한 사례를 보면 여객기의 종류인 보잉기, 전투용인 헬리콥터, 우주의 고밀도 연구, 건축 구조, 방한복, 접착제, 칙칙이잭 등 찾아보면 응용품이 너무도 많다.

자연 공간의 구조를 응용한 사례를 몇 가지만 찾아본다면, 항공기의 구조와 운항에서 항체의 역학을 보면 새의 생태에서 접목하였다고 한다. 헬리콥터에 원리는 잠자리라는 곤충에서 정지비행의 원리를 탐구하였다.

우리들이 추운 겨울에 입는 방한복의 구조는 새와 물오리의 생태 기능에서 착안을 하여 방수 및 방온의 효과를 증가시켜 오리털 점퍼라는 상품으로 우리들의 일상에서 겨울용으로 인기가 매우 높기도 하다.

가구용이나 건축자재용 접착제는 고무나무 수액을 채취하여 가공해 얻어지는 산물이고, 의복이나 운동화 기타 등에 지퍼 대신에 사용되는 칙칙이라는 물품은 약초로 사용되는 도꼬마리라는 식물에서 힌트를 얻어 상품으로 디자인을 한 사례이다.

바다를 들여다보면, 급부상하고 있는 물질 심층수가 있다. 이 물질을 활용한 생활 응용품 중에는 생수, 두부, 화장품, 목욕수, 의약품 등의 다수가 있으며 새로운 상품 개발에 연구가 진행 중이다.

산을 통한 산림자원을 보면, 산림 부존자원 자체도 응용의 폭이 넓다. 사회적으로 큰 프로젝트로 열거해 보면, 지구의 온난화 방지 탄소 저감 대체 연구, 생명을 위한 자연 생태보존, 삶의 질 향상을 위한 레저, 산림 휴양, 치유, 국민보건과 생명 에너지원 식자재 개발 등에서 폭넓게 적용되며 응용할 수 있는 메뉴는 무한하다고 사료된다.

기다림이라는 소재는 폭이 넓다. 넓은 것을 넓다 하지 말고 한 가지씩 천천히 접근해볼 필요가 있다. 기다림이란 공기, 물, 산림이라는 용어이므로 때와 장소를 가리지 않고 상품 출시가 가능하다.

단 당신께서 게으르지 않고 노력이 수반된다면 기회는 항상 주어질 것이다. 자연 속에 있는 기다림의 모습에서 생태 원리를 통한 아이템 창출은 바람직스러운 일이며 소자본으로 누구나 접근이 가능함으로 도전정신을 통한 새로운 기회를 맞이하는 신념을 가져보자.

삶의 역전, 기차 한 잔의 힘

● 역전을 위한 에너지원 충전

화, 수, 목, 금, 토 오행이라는 학설이다.

일반인들은 일상생활을 하면서 날마다 접하는 일상의 주기표일 것이다.

사람이라면 누구나 기초 지식이 있고, 그에 첫 번째 학습으로 불씨를 다루는 학습이 되어야 할 것이다. 그런데 현대 문명사회는 불씨를 다루는 학습의 과목은 없다. 고로 현대인들이 문명을 접하고 살아가는 데 있어 자기 자신의 가치를 찾지 못하고 방황하는 이유가 여기에 있지 않나 하는 생각이 들기도 한다.

이 땅의 주인으로서 주인의 행세는 물론이거니와 나 자신으로서 자신을 알지 못하는 이유 또한 여기에 있는 듯싶다.

오래전 생활에서는 이성을 가진 자(者)라면 불을 다루는 것이 근본이었으며 불씨 생활에 있어 생활의 기본으로 학습을 해왔으며 필요성을 전해왔다.

불씨 학습이라 칭하면 불을 피워서 식사와 난방과 생활의 도구로 사용해온 점도 있겠으나, 필자가 이야기하고 싶은 내용은 화(火)를 다스림에 중점을 두고자 한다.

사업을 진행하는 데 있어 흥하고 망하는 것은 불씨를 잘 다스려야 한다. 불이 잘 일어날 때 불조심하고 불을 붙일 때 열정을 다하여야 할 것이다.

2008년 11월, 매스컴을 통해 접한 내용의 일부분이다.

조그만한 가게들은 힘없이 무너져가고 있었고 무너져가는 상가 앞에서 하염없이 울부짖는 이들이 무수히 많았다. 그로 인한 후유증으로 가정이 파괴되고, 가장은 다시 길거리로 나서는 제2의 IMF라는 냉혹한 한파가 마음마저도 외롭게 하고 지치게 하며 뼛속이 아리다는 표현을 했다.

누구의 잘잘못을 따지기 전에 당장에 그들 스스로가 자신을 미워하며 때로는 극단의 생각까지도 해야 하는 헤아릴 수 없는 외로운 밤길을 맞이하고 있는 듯했다.

외롭고 쓸쓸하게 밤길을 걷는 자들이여

여기 새로운 기운이 숨쉬는 에너지 차 한 잔 마시자. 그리고 몸과 마음을 새롭게 하자. 다 잃었다 할지라도 나에게는 건강한 몸과 건강한 마음이 있지 않은가? 한 번 쓰러졌다고 해서 그 자리에서 영원히 잠을 잘 수는 없지 않은가. 한 번 쓰러진 아픔은 신(神)이 나를 시험하는 시련에 불과하다. 새로운 용기로 나에 능력을 다시 한 번 신뢰하며 나의 가치와 불씨가 잠들지 않았으니 작은 빛 속에서 좁은 길이라도 다시 한 번 힘차게 걸어보자.

2009년은 세계적인 경제의 한파라고 표현한다. 무엇보다도 마음이 추울 것이다. 가슴도 덩달아 움츠리게 될 것이고 비단 돈은 없다 하더라도 심장이라는 따뜻한 불씨가 있지 않은가? 이 불씨를 매개로 하여 작은 불부터 새롭게 지피어 보자. 필자도 이보다도 더 큰 시련을 겪어본 적이 있다.

지난 시간을 돌아보는 듯하여 글 쓰는 이 순간에도 마음 아프고 눈물이 볼을 적신다. 동병상련이라고 했던가. 그 아픔을 겪어보지 않는 자가 어찌 감히 아픔을 논할 수가 있겠는가?

필자도 인제 골짜기 싸늘한 방구석에 앉아 냉혹한 바람 소리를 들으면서 죽자니 청춘이요 살자니 한숨이라는 애환을 하면

서 '엉엉' 울어 본 기억이 새롭다. 돌아보건대 사람의 목숨이란 모질어서 죽고 싶어도 쉽게 죽음을 허락지 않았다. 사람은 쉽게 죽지 않는다. 그러므로 마음을 바로 세우자.

호랑이굴에 들어가도 정신만 차리면 살 수가 있다고 했다. 반대로 긍정적인 생각을 하니 희망의 길이 열렸다.

경기가 안 좋아 매기가 없고 장사가 잘 안 되어 주머니 사정이 어렵다. 그렇게 어려울수록 힘이 솟는 에너지 차 한 잔을 마시면서 맑은 생각에 잠겨보자.

순간 괴로움을 삭이지 못하고 술로 괴로움을 맞이한다면 계속적인 악순환으로 몸과 마음까지 지치게 만들 수가 있다.

장사가 잘되고 돈이 많이 벌릴 때는 웃음도 싱글벙글 마음에 엔도르핀이 넘쳐 난다. 장사가 잘 안 되고 손해를 보면 우거지상에 울음을 들먹이면서 마음이 상하며 엔트로피 지수가 높아진다.

때문에 기분이 나쁠 때에는 술 마시기를 피하고 에너지 차 한 잔으로 기분과 기운을 바꾸어 보자는 것이다.

이런 말도 있다. 잘되면 자신 탓, 못되면 조상 탓. 남 탓의 관습은 버려야 할 부분이며 스스로가 냉철한 비판의 생각을 가져야 할 때이다.

장사가 잘 안 된다고 해서 사회적인 경기 탓만을 할 일은 아니다. 지금 이 시간에도 영업이 잘 되고 있는 집들도 있다.

먼저 왜 안 되느냐? 자신 안에 있는 문제점을 돌아보고 문제점을 체크하고, 그 리스트의 한 가지씩 분석을 하여 대안점으로 해결 방법을 찾으라. 해결 방법에 의한 길이 보이면 정밀하게 재점검을 거쳐서 조심스럽게 재도전을 해보는 것이고, 이때는 최선과 함께 열정을 다하여야 할 것이다.

필자가 알고 있는 사람도 1997년경 경제난에 풍파와 함께 시련을 겪었고, 그 이후에 각고의 노력 끝에 지금은 훌륭한 기업을 하고 있다.

항상 어려움이 닥쳐왔을 때 대처하는 방법으로는 서두르지 않으면서 마음을 정리하는 수순을 밟아야 한다. 모든 일은 내 안에서 이루어진다는 일념을 가지고 세상을 바라보아야 하며, 마음을 폐쇄하거나 여는 것도 스스로의 지혜적인 감성에서 시작된다.

실타래에 있어 실이 잘 풀리다가 엉키어서 새롭게 풀려고 할 때는 마음 자세부터 침착성을 가져야 한다. 조급증이란 화기를 높일 뿐 해결의 실마리에는 도움을 주지 못한다는 이야기이다.

자기 자신이 늪에서 벗어나려면 자기 스스로의 의지를 다시

한 번 시험하고 능력을 신뢰하며 자신을 존경하여야 한다. 자신의 가치를 스스로가 높여야 타인으로 하여금 다시 평가를 받을 수 있는 기회가 주어질 것이고, 구원의 줄이 그대를 방문하게 될 것이다.

시련과 손해를 두려워하지 마라. 고기를 잡기 위한 설익은 가두리 막이는 작은 틈으로 고기가 새어나간다. 이익을 위한 손해를 감수하라. 자존심을 뒤로 한 채 먼저 손을 내밀어라.

비움의 분기점에서는 손해를 위한 이익이 존립하고 햇볕의 분기점이 도래하면 이익을 위한 이익의 기점이 그대를 맞이할 것이다.

우리네 사람들은 작은 기점에 서 있다. 아주 작은 점 위에 서 있다고 표현할 수가 있다.

삶에 있어 기점이란 앞으로도 수만 번을 거쳐야 할지도 모른다. 우리는 기점에서 있을 때 방황과 갈등이라는 번민으로 고민에 놓이게 되고 고민으로부터 자유를 찾고자 몸부림을 친다.

이럴 땐 선의 지혜를 빌려보는 것도 위안이 될 것이다. 기, 차의 에너지를 음미하면서 발상의 전환과 결단의 과정에서 잊었던 부분을 찾을 수 있는 순간적 기회를 만들어보자.

정기를 받은 기운의 약차는 분기점을 넘나드는 우리네 사람들에게 크나큰 힘이 되어 줄 것이다. 자신을 밝고 따뜻한 길로 안내하며 행운의 열쇠를 가져다주는 물질이 될 것이다.

새로운 길을 찾고자 한다면 이런 방법도 한 번쯤 적용을 해 보자. 우주의 힘, 오행의 순리라는 기법이 있다.

각자의 방식대로 해법을 찾아보자. 내 안에서 일어나는 화를 다스리려면 좋은 물이 필요하다. 그 좋은 물은 다시 나무를 키우고, 나무가 풍성하면 자원이 되어 돈이 된다는 원리이며, 부자가 되는 길을 찾을 수가 있다는 이론이다. 한 번쯤 적용을 해 보기를 바란다.

현대의 삶은 '힐빙'을 선호하는 시대이다. '힐빙'은 '건강하게 잘 살자'라는 토종 신조어인데, 웰빙(wellbeing)보다 앞선 치료 개념의 삶의 방법을 의미한다.

어려움이 쌓일수록 술에 젖어서 살지 말아야 할 것이며, 자신 주변에는 항상 가족이 있다는 것을 명심하면서 기운(氣運)의 약차를 통한 맑은 정신으로 마음에 정립을 새롭게 할 필요가 있다.

제4장

미래 녹색산업 & 기다림의 에너지

하루에 한 번쯤은
나를 돌아보는 시간을 갖는 것이 매우 중요하다.
명상…,
어둠 속에서 밝은 빛으로 나를 인도하자.
미래 세계를 향하고 명상을 위한 테르펜 수련장을
만들어 보자.

원시림의 정기 테르펜을 상품화

근자에 들어서 원시림을 찾는 이들이 많이 늘었다. 단순히 숲 속이 아닌 사람들의 발길이 안 닿는 곳을 선호를 한다는 것이다. 그 속에서 문명을 뒤로 한 채 자연을 체험해보고자 하는 이들이 늘어나고 있다.

이유는 무엇일까? 사람이 생활에 있어 원 생활을 갈구하는 것일까?

아무튼, 현대사회에서 원시림이라는 숲 속과 원시의 생활체험을 즐기는 자들이 늘어나고 있다는 이야기이다.

이 속에는 글자 그대로 전기도 없고, 전화기도 없고, 담배도 없고, 현대생활과는 동떨어진 생활체험이다.

모든 동물들은 회귀성을 가지고 있는데, 그중에서도 사람은 회귀성과 동시 원 순환의 고리 구조적인 관습을 가지고 태어난 듯하다.

우리가 살아 숨쉬는 생체에도 원 순환적인 선순환의 생리적인 구조를 지니고 있다. 선순환의 환경으로서 산소로 하여금 동력원의 에너지를 얻기도 한다.

지구 공간에 사는 인간들은 좀 더 빠른 진화를 갈구하며 태양같이 뜨겁고 고대 예술 같은 밝은 문명을 요구하며 현대사회에서 더 높은 이상을 희망한다.

아무튼, 우주나 지구나 현대사회에서 우리가 사는 생활의 공간이나 모든 일들은 둥근 원을 그리고 있으며 둥글게 돌고 돌아간다.

때문에 원 순환에 익숙해져 있으며 생명체에 필수 요소인 작은 알갱이 산소와 물을 절대적으로 요구를 하고 있는지도 모른다.

인간이 진화하면서 수천 년 동안 사용해왔으며 근대사회에서까지도 별문제 없이 사용해왔으나 언제부터인가 공기 오염 문제가 대두되어 왔다.

근래에 이르러 공해와 함께 건강을 위협하는 수준이라며 청정한 산소를 찾기 시작하고 도시에서는 이미 공기가 신선하다는 소리를 잃은 지가 오래되었다.

이로 인하여 도시민들은 휴일을 통하여 가까운 산과 들로 산소 마시기 운동이라도 하듯 휴가를 즐기고 있다. 환경오염은 많은 이들이 고민을 하고 있으며 다같이 풀어야 할 숙제이기도 하다.

필자는 원시림의 정기를 마시는 기법을 오래전부터 연구해 왔다. 우리 몸속에서 필요로 하는 산소의 기능은 다음과 같다.

산소는 화학적으로 대사 화학 반응과 물리적으로는 엔트로피 증가와 감소를 시키는 작용을 한다.

그러므로 생체에서 필요로 한 산소를 흡입하는 것은 건강에 있어 매우 중요한 기능을 한다고 볼 수가 있다. 또한, 음식물과 산소는 궁합이 맞아야 소화와 흡수에 있어서 완벽하게 조화가 되었다고 볼 수 있을 것이다.

생체에 있어 건강의 우선순위는 혈액순환이고 선순환의 고리 구조가 원활하게 작동을 잘하느냐 못하느냐가 세포 활성 차원에서 많은 영향을 차지한다고 말할 수 있겠다.

때문에 생명의 연장에서 장수 조건의 본래 모양은 생체에 있어 엔트로피를 늘리고 줄이는 데 있고 산소는 병형 기능과 동시 이율배반적인 작용을 한다.

산소 흡기법이란 공기 중에 있는 산소를 마심에 있어 필터링

기법과 숲의 향을 마시는 기법, 두 가지의 방법이 있다.

한 가지는 일상생활을 하면서 자연의 산소를 마시는 방법이고, 다른 한 가지는 산림 자원을 이용한 테르펜의 정기를 마시는 기법인데, 소재는 소나무와 잣나무를 활용할 수가 있다. 체험의 시스템에 있어서는 황토 기방을 통한 광촉매 흡기법을 적용할 수 있다. 체험 후 생체적 효과는 혈액에 산소 공급의 기능을 촉진하여 혈액을 맑게 하고 면역력을 증강시켜 주는 역할을 한다.

체험의 이용자들은 유방암환자, 관절 치료자, 면역력 약자, 스트레스가 많은 자 등이 주로 이용하며, 치유의 개념으로 활용하기도 하고 자연 에너지 기운을 체험하기도 한다.

본 시스템은 ① 실내 기방, ② 실외 돔형, ③ 소나무 노천으로 구분할 수 있다

① 소나무 노천형 : 소나무 숲 속에서 행하는 방식으로 고정적인 시설이 필요 없어 경제적인 부담을 줄일 수 있다는 장점에서 큰 호응를 얻고 있다.

그러나 계절, 특히 겨울철과 우천 시에는 사용을 못한다는 단점이 있다. 아직도 우리 생활관습에 익숙해 있지 못하다

는 점이 아쉬운 부분이다.

이 시스템을 사용하는 것은 시간과 장소가 제약을 받는다는 것도 단점이기도 하다.

장점으로는 산림 중 자연의 흡기법으로는 효과면에서는 가장 높다고 볼 수 있다.

② 실외 돔형 : 야외에서 양지바른 곳을 선정하여 기반 시설을 만들어놓고 움막형의 구조물을 만들다. 실내에 기능성 소재를 선택함에 있어 자연 소재를 사용하는 것을 원칙으로 한다. 주로 사용되는 소재로는 볏짚, 황토, 광물질, 이온초로석, 광촉매이온담체 등이 많이 사용되고 있다.

실내 면적은 7m^2 내외로 한다. 기능적인 구조는 이러하다. 바닥에서 원적외선이 방사되고 측면에서는 음이온이 방사출되어야 한다.

천장에서는 광촉매 원리에 의한 광빛의 원적외선이 방사출되어야 함과 동시에 실내에는 테르펜의 기운이 넘쳐나 신선한 산소의 체험을 맛보게 할 수 있는 설계의 구조를 갖추어야 한다.

수용 인원은 2인 1조 부부형, 4인 1조 가족형으로 구분이 되어 손님을 맞이하는 방법이 제일 좋다. 이 기능에 특성이 있다면, 자연광을 활용한 시스템이므로 자연 친화적이라고도 볼 수가 있으며 태양 빛의 원리를 학습할 수 있다는 자체만이라도 자연 학습장이 되기도 한다.

③ 실내 기방 : 위치는 남향으로서 햇볕의 접근이 용이한 곳으로 한다. 주변에 숲이 있으면 좋다. 숲의 종류는 소나무, 잣나무가 형성된 곳이면 더더욱 좋다.

면적은 22m^2 내외가 적당하며 크기가 크면 실내에 기운을 조정하기가 어려워질 수가 있으니 규격에서는 가급적이면 작게 하면 작게 할수록 기능은 효율적이다.

8각형 원형이고 벽체 형식은 귀틀형 또는 찰쌓기형이 바람직하다. 집을 짓되 기둥과 실내장식류의 나무는 조선소나무를 사용하는 것을 원칙으로 한다.

실내에는 전기시설은 가급적이면 지향하여야 하며 불가분할 때는 전파 차단 장치를 활용할 것. 벽체에는 테르펜 박스가 장치될 것이고 피넨이라는 정유 설비가 내장되어야 한다.

방안의 온도 장치는 보일형이 아닌 장작불을 지피는 구조로 해주고 여의치 않으면 물 없는 온수관을 활용하는 것도 좋은 방법이다.

생체 에너지 활성을 위한 원 순환 공간 조성

지구는 둥글고 넓다. 그리고 세계의 지구인들이 함께 숨을 쉬면서 공존을 하고 있다. 세상은 넓다. 또한 대륙별 인종의 색을 달리한 채 돌고 돈다.

지구 세계 중에서도 대한민국은 작다. 그럼에도 불구하고 대한민국은 결코 작은 땅덩이는 아닌 듯싶다. 대한민국 중에서도 각각의 작은 공간에서는 생명의 활동이 쉼 없이 24시간 돌고 돌아간다.

미래를 열어가는 선각자들의 이야기에 의하면 다가오는 세기는 4D의 시대라고들 한다. 그래서 새시대를 새롭게 맞이하자고 말하고 있으며 시스템을 연구 중에 있다.

4D의 시스템을 열거해 본다.

- 디지털(DIgital) - 정보화 시대 - 두뇌 활성 정도 - 자연을 통한 자기개발 등
- 디엔에이(DNA) - 유전자 시대 - 건강을 위한 물질 보존 - 먹을거리 종자 보존 등
- 디자인(Design) - 색과 형태의 시대 - 사람다움의 자기 표현 및 물질 창조
- 디비니티(Divinity) - 영적 추구 시대 - 자아 가치 탐구 - 삶의 질 향상

사람이 살아서 움직인다는 것은 생명이 존재한다는 것이요, 생명은 곧 생기가 있다고 표현할 수 있다. 세월이 흘러 세기가 바뀐다 하더라도 새로운 생명을 계속해서 추구할 것이다. 때문에 미래 산업의 일부분은 건강과 생명 산업을 추구하는 까닭이 이런 이유도 작용했을 것이다.

사람들은 자기만이 주어진 생애의 생활 공간에서 스스로의 배역과 임무 수행이라는 과정을 안고 산다. 완전한 자기 배역의 소화를 위해서 우리가 행해야 할 일에 대한 깊은 사유가 필요하다. 이 시대에서 나 자신에게 무엇을 요구할 것인가?

60년대 농경사회에서부터 2010년 과학의 시대에 이르러 생활

을 하고 있으나, 우리들은 옛 정취의 환경을 동경하며 생활 체험을 하고자 한다.

인간의 욕구는 순환을 추구하는 고리 구조의 물욕을 지닌 동물인 듯싶다. 인간의 힘이란 무한하고 사람의 능력이 또한 무한하다.

약하면서도 강한 것이 사람의 힘과 능력이라면, 두려움이 없어야 한다. 땅에 발을 붙이고 살고 있는 자는 어두운 밤을 싫어하며 두려워한다. 어두운 지하실이라는 공간은 미지 세계 또는 죽음의 그림자를 의미하기도 하기 때문일 것이다.

양지와 음지를 논하고자 한다. 햇볕은 그림자를 수반하며 행복과 불행을 엮기도 한다. 그래서 행복은 짧고 불행은 길다는 표현을 하기도 한다.

그런데 이 부분은 경험자에 따라서 스스로의 생각뿐일 수도 있다. 그래서 뭇사람들은 세상사 생각하기 나름이라는 정의를 내리기도 한다.

과연 그럴까? 현실은 냉정하다. 생각과 힘으로도 해결이 안 되고 인위적으로는 그 힘 앞에 무릎을 꿇어야 하는 웃지 못하는 진풍경을 맞이하기도 한다.

이런 행위를 미신이라는 글자로 우리네 마음을 위안하곤 한다. 필자가 산골짜기에 살면서 깨달은 사항이지만 풍수의 기운은 반드시 있다고 확신하고 싶다. 그렇다고 풍수학 전문가는 아니다. 산골에서 오래 살다 보니 산수도와 풍수의 이치를 터득한 것이다.

도시와는 달리 시골에서 집을 지으려면 반드시 고려해볼 사항이라고 권하고 싶다.

풍수지리적으로 액운을 막고자 할 때 불가분하게 나무를 이용하는 경우가 있다.

도시나 농촌에서 집을 지을 때는 반드시 풍수조경이라는 이름이 동반된다. 풍수에 있어 귀신의 잡귀적인 불행을 수반한다면, 신선에 있어 선녀가 마음의 평온과 행운을 주는 기운도 있다.

우리가 살고 있는 주택을 돌아본다. 한 가지는 아파트형이고 또 한 가지는 단독주택형이다.

도심 아파트에서 살고 있는 사람들은 주거환경에 관하여 만족을 느끼지 못한 듯싶다. 단독주택에서 살고 있는 사람들은 그나마도 조금은 나은 편인가 보다. 주거 공간에서 잠자리가 편해야 생체에 있어 에너지 활성화가 잘 된다고 볼 수 있다. 그런데 주택의 구조 문제, 잠자리 방향 문제, 실내건축 자재 문제 등으로 생체에 악영향을 미치는 요소가 많다고 불쾌감을 호소하는

이들이 많이 있다는 것이다.

자기가 살고 있는 주거 공간에서 잠자리부터 편한가를 체크해볼 필요가 있다는 것이다. 아파트는 아파트 나름대로 방법론을 찾고 단독주택은 단독주택 나름의 방법론을 찾아야 할 것이다.

단독주택에 있어서도 도심의 단독과 시골의 단독은 개념에서조차 조금 다를 수가 있다. 다음은 원 순환 공간 조성에 관해서 알아보자. 도심의 아파트는 베란다와 거실이라는 공간이 있다.

식구가 작은 곳에서는 거실에서도 명상의 공간을 만들고 베란다에는 화초 및 녹색의 공간을 만들어서 정적인 정신 활력의 장으로도 사용하는 방법을 택하면 좋을 듯싶다.

시골 단독주택을 살펴보자. 주택 주변에 20m^2 크기의 공간을 만들어 보자. 그 속에다 주인장에게 맞는 화초목을 나열해보자. 그리고 자기 자신의 마음을 편하게 할 수 있는 프로그램을 통한 시행을 해보는 것이 바람직하다고 볼 수 있겠다.

다색 향기 공간에서 0차원의 삶 체험

삶에 있어 선(線)의 공간이란?

모든 사람들의 공통적인 마음은 청결과 깨끗함에 있을 것이다. 그러나 이 깨끗함을 지키지 못함에 죄스러워하는 이들이 많은 듯싶다.

선과 악의 논리

낮과 밤의 얼굴

낮에는 밭을 갈고 밤에는 씨를 뿌려 씨앗은 새 생명을 잉태하고 밭은 새 문화를 창조한다.

이윽고 시간과 함께 창조된 문화 공간 속에서 사람다움의 실체를 담는다. 낮은 밤을 기다리며 밤은 낮을 그리워한다. 낮에는 땀방울의 덕(德)을, 밤에는 반성의 기도를, 사람들은 밤과 낮을 왕래하면서 자기 실체와 가치에 관하여 고민을 하는데, 자기

실체는 미완성이며 자기 실체의 방향을 찾고자 노력을 하고 있을 뿐이다.

하루에 한 번쯤은 나를 돌아보는 시간을 갖는 것이 매우 중요하다. 명상,… 어둠 속에서 밝은 빛으로 나를 인도하자. 미래세계를 향하고 명상을 위한 테르펜 수련장을 만들어보자. 0차원의 공간 구조 형식은 여러 가지의 형태와 형식으로 나누어진다. 가급적이면 방사 모양으로 하고 그 모양 면에는 돌기 부분이 있어야 한다.

6면체에 의거한 4개의 벽면에는 다색상으로 준비하고 컬러는 스스로 변할 수 있는 기능을 삽입하도록 한다.

여러 가지 자연 향이 풍기는 소품으로 장식을 하고 테르펜 향이 휘산되도록 시스템을 가동하여 분위기가 형성되면 기본적으로 체험을 할 수 있는 환경이 조성되었다고 볼 수 있겠다.

체험장의 기능 준비가 끝나면 체험하고자 하는 수행자는 마음을 경건하게 한다. 마음으로 준비가 끝나면 자신의 실체를 공간 속으로 안내한다.

그 공간 속에서 프로그램에 의거한 순서대로 내 마음을 들어보내 보자. 미래 0차원의 공간으로 진입을 한다는 의미이다.

다음은 조용히 명상의 자세를 갖추고 편안하게 생체를 안식

한다. 이때 부부와 함께 하는 체험이라면 효과를 증가할 수가 있다. 시작 후 5분이면 곧 자연의 기운을 느낄 것이다.

물론 처음하는 자들은 감도를 느끼는 시간과 일정이 걸릴 수도 있다. 체험에서 기운을 느끼면 그 기운을 통한 나의 반성을 토하는과 동시에 나의 바람을 구술하자. 이때 소리쳐도 무방하다.

구슬을 할 때는 테르펜의 기운이 인도하는 대로 비움의 자세로 접근을 하는 것이 바람직하다. 그 행위를 수분 동안 하면 당신이 원하는 아이디어가 새롭게 창출될 것이다.

테르펜 수련 진행 중에는 에너지 약차 한 잔 마시면서 자기 주변에 휘산되어 있는 기운의 흐름을 느낌으로 체험하면서 자기만의 세계로 들어가 본다. 그 세계 속에서 나의 현실적인 생활 속에 나의 관습을 볼 수 있는 영상이 떠오르게 된다. 그 영상으로 하여금 나의 생활 가치와 능력이라는 정도를 비추어 볼 수가 있다는 것이다.

즉, 말해서 현재의 내가 처해 있는 위치를 알 수 있으며 나를 위한 나침반을 찾고 나침반으로 하여금 내가 갈 길의 지혜를 얻을 수 있는 기회가 주어질 수 있다는 것이다.

이와 같은 체험은 도심의 주거환경 속에서도 할 수가 있으나 집중력과 효과가 떨어지는 경우가 있다. 특히 부족한 것은 자연

재료를 공급하지 못한다는 것이다. 가능하면 자연 속에서 일정한 시설을 통하여 행위를 하는 것이 바람직하다.

그리고 처음 체험을 하는 자는 조급한 마음으로 접근을 하지 말 것이며, 시간을 두고 여러 번 반복하는 기법으로 접근을 하였으면 한다.

다(茶), 다식, 다례, 다도의 생활문화

빈 찻잔에 공기를 가득 담고 우주 공간에 휘산되어 있는 산소의 에너지를 섭생하자. 그것을 음미하는 과정에서 행복이 가슴 속으로 스며드는 것을 느낄 것이다. 그리고 마시고 먹는다는 의미 이전에 맛에 대한 의식(意識)을 깨닫게 될 것이다.

또한, 의식의 과정 속에서 나만의 맞춤형 답을 구하자. 추운 겨울날 하얀 눈밭에서 하얀 잔에다 하얀 백설차 한 잔을 음미하면서 말이다.

그리고 마주 앉아서 사람 사는 이야기를 논해보자.

마주 앉아 있는 당신에게 내 마음 속에 내재되어 있는 예를 갖추어보자. 내 스스로가 상대를 향하여 고개를 숙이는 만큼 상대의 마음이 보일 것이다.

일상생활에서 가정에 안녕을 기원하고자 한 잔의 물에 예를

갖추는 모습도 있고, 지정된 장소에 정한수 한 잔 떠놓고 허공으로부터 답을 구하고자 하는 이들도 있다. 새로운 답을 구하고자 하는 자는 마음으로부터 어떤 생각을 가지고 있을까?

예를 든다면 마음으로부터 부메랑 같은 기능을 갖는다. 내 스스로가 예를 갖추는 만큼 복으로 돌아온다는 의미이기도 하다.

다도를 통한 생활의 방향을 설정해 보자. 옛말에 길이 아니면 가지를 말라는 말이 있다. 삶에서 스스로가 가야 할 길과 가지 말아야 할 길을 선택하고 결정해야 한다.

마음으로 균형을 저울질하는 것은 쉽고도 어려운 과정이다. 자신이 좋아하는 차 한 잔에 맛을 음미하자. 담겨진 차의 맛과 향에 따라 길이 보일 것이다. 이것이 자신을 향한 운명 또는 자연의 순리라는 길이다. 비록 찻잔은 작지만 차 한 잔의 무게는 자신의 몸무게와 비례를 한다.

찻잔 속에 마음을 얼마나 함축하여 담았는가가 다를 뿐이다. 빈 잔에 생각을 가득 담고 마음을 비추어보자. 잔 속에서 비춰지는 실상과 허상은 나를 어떻게 보이라고 말을 하고 싶을까.

다도를 통하여 마음을 정화하는 기회를 가져보자. 일상생활을 하노라면 스트레스를 통한 마음을 치유해야 하는 이유가 많이 발생된다. 작은 공간에서 도(道)를 음미하며 치유의 틈새를 찾아보자. 마음 치유를 위한 차를 한 잔 음미하면서 새로운 길을 열어보자. 나의 내면에 엉켜져 있는 허상들을 정리하고 실상을 찾아보는 것이 바람직할 것이다.

다도(茶道)

다도란 차를 마시는 과정에서 길을 표현하기도 하지만 차를 의미하는 방향을 제시하기도 한다. 과정에 있어서는 차잎을 따기부터 차를 우려 마시기까지의 차 일[茶事]을 통해 몸과 마음을 다스려 덕을 쌓는 것을 말하며, 차를 단순한 음료로 마실 때 그 방법을 논하는 것이 행다법(行茶法)이라고 하기도 한다.

방향 제시에 있어서는 다도에서 주원료인 녹차를 벗어나 대용 차로서 한국의 산과 들에서 자생하는 꽃과 약초, 약나무를 차로 만들어 음용하는 방법도 있다. 이를 전통차 다도라고도 하며, 차 음용의 방식에 있어서는 재료의 준비에서부터 달여서 음용하기까지 마음에 정성을 듬뿍 담는 것을 의미하기도 한다.

다도와 담체 정신

휴선(烋仙)에 있어서 다도 정신은 세심(洗心)이라고 필자는 논하고 싶다.

일상생활에서 얼굴과 몸은 매일 세수와 세신이라는 명목으로 행함에 몸가짐을 단정히 하며 자기 실체를 표현한다. 일일신 정신으로 새로운 지혜를 담기 위한 새로운 몸가짐을 준비하고 새로운 지식과 지혜를 준비된 그릇에 담자는 의미이다.

다례(茶禮)란

사람, 즉 왕에게 행하는 다례와 신하에게 바치는 제례(祭禮), 현대사회에서 일반인들이 예를 갖출 때 행하는 의식이라고 볼 수 있다.

① 진다(進茶) : 사람에게 행하는 다례를 말하며 국빈이나 사신을 맞이할 때 행사를 통하여 왕실의 평안을 축원하였고 신하에게도 차를 하사하였다.

② 헌다 : 유(儒), 불(佛), 선(仙) 공히 차를 제례에 사용하였다. 조선시대에는 정화수로 대신하였으며 이때도 사용된 그릇을 다기(茶器)라 하였으며 지금도 그 명칭을 사용하고 있다. 흔히 '차례 지낸다'라고 하면서 현대에는 술을 사용하고 있다.

③ 폐백 : 결혼 때 시댁에 보내는 예물을 봉차라고 한다. 신부의 어머니가 정성으로 만들어 보낸 차식과차로 시댁 어

른들게 예를 드린 것이다.

봉차의 의미

차는 떫고, 쓰고, 시고, 달고, 향긋한, 다섯 가지의 맛을 시집살이로 비유하기도 했다. 인내하며 살면 고생 끝에 행복이 온다는 당부와 1년 내내 푸르고 싱싱한 차나무와 같이 항상 건강하고 사랑스럽게 잘살라는 친정 부모의 교훈을 담고 있다.

다식(茶食)

일반적으로 다과 또는 다식이라고 표현을 많이 한다.

다과와 다식은 장소와 행사 내용에 따라서 그 품위에 맞는 메뉴를 선택하게 된다.

때문에 너무나 형식과 규격에 맞추려고 하는 것보다는 간편성으로 실용을 선택하는 것이 바람직하다고 할 수 있겠다.

필자가 열거하고자 하는 다과와 다식은 농산촌에서 선 체험, 기 치유, 담 휴양 프로그램을 운영할 때 사용하고자 하여 지역 특산물의 기능성을 중심화했다.

때문에 지역에서 생산되는 산물을 위주로 하여 다과와 다식을 만들었으며 체험 및 휴양 관광객들이나 일반 체험객들이 산약초의 기능을 가까이에서 맛으로 느낄 수 있도록 실용화한 프로그램이다.

그러므로 그 지역에서 생산되는 특산물의 기능을 체험함으로써 판로가 확보되고 더 나아가 휴양 관광산업을 육성하는 차원이라고 할 수 있다.

다음은 모듬 다식이라는 이름으로 몇 가지를 소개하고자 한다.

흑미다식

■ 재료 및 분량

흑미 1컵, 소금 약간, 꿀 4큰술, 참기름 약간

■ 만드는 법

① 흑미를 씻어 불려서 소금을 약간 넣고 빻는다.

② 흑미 가루에 물 반죽을 하여 찜솥에 찐 다음 말려서 곱게 간다.

③ 마른 흑미 가루에 꿀을 넣고 반죽하여 참기름을 바른 다식판에 찍어낸다.

● 송화다식

■ 재료 및 분량

송홧가루 1컵, 꿀 3큰술

■ 만드는 법

① 송홧가루를 그릇에 살며시 넣고 가루를 날리지 않게 조심스럽게 꿀을 넣고 꼭 뭉친다.

② 반죽을 밤톨 만큼 떼어 꼭꼭 눌러 다식판에 참기름을 발라 박아낸다.

③ 단맛이 강할 때는 꿀 1 : 설탕 1 : 조청 1 : 물 1/4 비율로 섞어 끓인 후 식혀서 반죽을 하여 다식 틀에 찍어낸다. 송홧가루는 봄철 솔가지에서 떨어지는 노란 가루를 물 담긴 자백에 담아 위에 뜨면 건져 한지에 깔아 말려 두었다가 쓴다.

● 쌀다식

■ 재료 및 분량

쌀 1컵, 소금 약간, 꿀 4큰술, 참기름 약간

■ 만드는 법

① 쌀을 씻어 불려서 소금을 약간 넣고 빻는다.

② 쌀가루에 물 반죽을 하여 찐 다음 말려서 곱게 간다.

③ 마른 쌀가루에 꿀을 넣고 반죽을 하여 참기름을 바른 다식판에 찍어낸다.

* 백설기를 말려서 갈아 꿀을 넣고 반죽하여 다식판에 찍어내기도 한다.

녹차다식

■ 재료 및 분량

마 분말 30g, 인삼가루 10g, 녹차 분말 5g, 꿀 1 1/2큰술

■ 만드는 법

① 마 분말, 인삼 분말, 녹차 분말에 꿀을 넣고 반죽을 한다.

② 다식판에 눌러 박아낸다.

백년초다식

■ 재료 및 분량

마 가루 30g, 인삼 가루10g, 백년초 가루 5g, 꿀1 1/2큰술

■ 만드는 법

① 마 가루, 인삼 가루 백년초 가루에 꿀을 넣고 반죽을 한다.

② 백년초의 양을 조절하여 진한 색과 연한 색 두 가지를 만

든다.

③ 다식판에 진한 색을 눌러 박고 그 위에 연한 색을 눌러 박아 낸다.

유자정과

■ 재료 및 분량

유자 절임 200g, 설탕 2큰술, 소금 약간, 물 2큰술, 꿀 3큰술

■ 만드는 법

① 설탕에 절였던 유자는 폭 2cm로 저며 썬다.

② 냄비에 유자, 설탕, 소금을 넣고 유자가 잠길 정도의 물을 붓고 중간 불에서 졸인다.

③ 끓기 시작하면 꿀을 넣고 투명해질 때까지 윤기나게 졸인다.

④ 꺼내어 망에 밭쳐 여분의 단물을 제거한다.

이밖에도 산약초를 활용한 다식을 만드는 방식은 다면적으로 많다.

차의 음용 방법

찻잔을 왼손바닥에 올려놓고 오른손으로 잡고 마신다. 차의

색상과 향기, 맛을 느끼며 마시되 3~4번에 나누어 마신다.

찻잔에 전해지는 차의 온기와 도자기의 질감도 음미한다. 차를 입안에 넣고 머금었다가 삼킨다.

차는 다섯 가지의 맛과 풍취를 함께 느낄 수 있어야 진정한 차를 음용한다고 할 수 있다.

차의 여향은 차 맛의 으뜸으로, 여향을 놓치지 않도록 한다.

녹빛 찻물이 모세혈관까지 퍼진다는 생각을 하며 마시면 심리적 평온도 동시에 느낄 수 있다.

차를 차갑게 마시는 것보다 따뜻하게 마시는 것이 좋고, 그때그때 우려 마시는 것이 바람직하다.

● 차의 효능에 대하여

차는 사람에게 무한한 은혜를 베풀고 있다. 차를 마시면 소화를 도와 속을 편안하게 하고 머리를 맑게 하며 마음을 상쾌하게 하는 효능이 있다.

차는 몽롱한 정신과 피곤한 몸을 가볍게 만든다. 또 갈증을 풀어주고 우리 몸의 불순물을 소변으로 배설시켜 준다. 차는 눈을 맑게 하고 해독 작용을 하며 피부를 곱게 하는 작용을 한다. 차를 오랫동안 마시면 비만과 알코올 해독에도 탁월한 효과가 있다.

차(茶) 문화에서 물의 이해

차 한 잔을 마시노라면 생각을 잠기게 하는 시간을 갖게 한다. 차 한 잔에서 대화의 통로가 형성되고 물 한 잔에서 건강이 형통될 수 있는 길을 접하게 되고, 한 잔의 물이 한 생명체를 구성하는 역할을 하기도 한다.

우리가 일상에서 접하는 차[茶]의 화학적 표현을 녹색 물이라고 부르기도 한다. 차의 종류는 많이 있으나 차의 개념하면 근본적으로 녹차를 우선으로 하고 있기에 나오는 말이기도 하다.

결과적으로 차[茶]라는 것은 녹색의 잎과 물이 어우러져 하나의 맛을 의미하는 결합체이기도 하다.

그렇다면 차에 있어 녹색 잎만 좋은 것을 찾을 것이 아니고 그에 수반되는 물의 기능과 수질을 같은 방식으로 찾아야 할 것이며, 기능을 위한 지혜를 접해야 바람직할 것이다.

그 집의 물 맛에 따라서 차의 맛이 달라질 수가 있다는 것이다.

물의 기능을 접해보자

물 분자의 극성은 화학결합에서 서로 다른 원자들이 전자를 공유할 때 전기음성도의 차이 때문에 동일하게 분활하지 않으며, 이로 인하여 전자가 불균일하게 분포하는 결합은 극성을 나타낸다.

화학결합에서 원자가 전자를 끌어당기는 경향을 전기음성도라 한다. 불소(4.0), 산소(3.5), 질소(3.0)는 모두 높은 전기음성도를 가지며 탄소(2.5)와 수소(2.1)는 거의 같은 전기음성도를 가진다.

물의 밀도

어느 물질이나 고체가 되면 밀도가 액체보다 커진다고 한다. 그러나 물의 경우에는 특이하게도 섭씨 4도일 때 밀도가 가장 크다. 즉, 물에서 얼음이 되면, 다시 말해 고체가 되면 밀도가 작아지는 것이다.

물의 이 특이한 성질 때문에 호수나 강물이 얼 때 물 표면에서부터 얼기 시작한다. 왜냐하면 물의 온도가 섭씨 4도의 물이 그 아래에 있게 된다. 온도가 0도가 될 때까지 이런 상태가 계속되고 0도에 다다르게 되면 결국 표면에서부터 물이 얼게 되는 것이다.

경도에 따른 분류

■ 경도(硬度, hardness)

물의 비누와 반응하는 정도를 말하는 것으로 수중에 있는 칼슘이온 및 마그네슘이온의 총량을 탄산칼슘으로 환산하여 표시하는 것을 말한다.

경도에 의해서는 물을 경수(센물)와 연수(단물)로 분류한다. 경도가 셀수록 비누거품이 생기는 것을 어렵게 한다.

■ 연수(軟水, 단물)

마그네슘, 칼슘염이 수중에 용해되어 있는 양이 $CaCO_3$로서 100mg/l 이하인 물을 말한다.

■ 경수(硬水, 센물)

경도가 100ppm 이상인 물로 지하수가 대표적이다.

비누의 용해가 곤란하며, 석회의 침전으로 기계설비 시스템에서는 스케일 부착, 열 효율 감소 등의 영향이 있으므로 수처리 시설을 사용하여 연수로 변환한 후에 사용하여야 한다.

■ 경도와 건강

경수는 건강에 해로운 것이 아니고 비누의 성능을 떨어뜨리고 설비에 광물질을 축적시키므로 귀찮은 것일 뿐이다.

식수로서의 필요한 조건

몸에 좋은 물이라면 곧 생명체에 조화하는 물이라고 할 수 있다. 다음 여러 가지 조건을 만족하는 물일 것이다.

① 생명체에 유해한 물질을 포함하지 않을 것

② 금속이온, 미네랄 성분을 균형 있게 함유할 것

③ PH가 약알칼리성일 것

④ 물의 경도가 자나치게 높지 않을 것

⑤ 산소와 탄산가스가 충분히 녹아 있을 것

⑥ 물 분자 집단이 매우 작을 것

⑦ 활성 에너지가 높아 활성산소를 강력하게 환원시킬 것

⑧ 몸에 유익한 무기영양소를 갖고 있을 것

인체 속의 물

인체에는 두 가지 종류의 기본적인 물(bio water)이 존재한다. 한 종류는 결합수(bound water)이고 다른 하나는 육각수(clustered water)이다.

육각수는 물의 분자가 세포막을 자유롭게 드나들 수 있는 작은 집단으로 구성되어 있다. 반면 결합수는 단백질과 같은 커다란 분자 구조에 둘러싸여 있다. 그러므로 결합수는 세포막을 자

유롭게 드나들 수가 없다.

몸속에서 물의 기능이 세포로의 영양 공급과 독소 제거인 점을 감안한다면 육각수는 우리 신체의 건강에 매우 귀중한 것이다.

즉, 육각수가 빨리 감소함에 따라 인간은 그만큼 빨리 늙게 되는 것이다.

대부분의 사람들은 물이 자기의 건강과 온전한 삶에 매우 중요한 역할을 한다는 것을 이미 알고는 있어도, 많은 사람들이 모든 종류의 물이 몸 안에서 똑같이 유익한 역할을 할 수가 없다는 사실은 모르고 있다.

황토를 통한 지장수 응용

지장수를 활용하여 냉차나, 온차를 음용하는데 적용을 해보자.

필자는 지장수를 만들어서 활용해온 지도 20년이 더된 듯싶다. 지장수를 만들어보자

① 지역과 지형에 따라서 오염원이 없는 지역을 선택한다.

② 지상물 수종이 침엽수와 활엽수가 있는데 필요에 따라 선택할 것

③ 가급적이면 소나무 수림을 선택하고 사면지를 점검한다.

④ 지면에는 낙엽이 많이 쌓여 있는 곳이 좋으며 물이 고여 있지 않아야 된다.

⑤ 지면으로부터 80cm를 굴착하고 흙의 토질을 확인한 다음 필요한 양 만큼 채취한다.

⑥ 전통의 도기 항아리를 준비하고 황토를 넣는다. 그리고 청정수를 담는다.

⑦ 7~10일이 경과한 후에 2차가 정제될 것이고, 한 과정 7일이 더 지나면 식용이 가능한 지장수로 만들어질 것이다. 그대로 보관하면서 사용하도록 한다. 여름에 약초 냉차나 온차의 맛이 새로울 것이다.

물안개 꽃, 세포 탄생 발효미 미학(醱酵味 美學)

물안개 꽃 하면 산신령님이 섭생했다는 산삼이 생각나고 깊은 산속에는 정기가 살아있음을 의미하기도 한다.

물안개의 세포 발효학은 영생의 음료를 표현해도 좋을 듯싶고, 그 속에서 산약초를 주 재료로 한 발효음료는 맛과 향이 자연스럽고도 새롭다.

오늘도 물안개가 영(嶺)을 넘나들고 있구나
신령님도 쉬어간다는 한계령 산자락에는
산양삼들이 여기저기에 자리를 하고 있다네
삶에서 지친자들이여 날 보러 오세
나 당신을 맞이하려 이곳에 꼭꼭 숨어서 지낸다오
내 안에 있는 기능은 다소 미약하나 당신에게 큰 힘이 되어 드리리다.

발효의 모습

발효(fermentation)는 라틴어의 fervere에서 유래된 말로서 알코올이 생성되는 과정에서 탄산가스의 거품이 방출되어 비등하는 모양을 나타낸 것으로 "괴이다" 액체가 "끓어오르다"라는 뜻을 가진다. 넓은 뜻의 발효란 미생물의 생리 활동에 의해 일어나는 화학 변화로서 유기물이 산화 환원 또는 분해 등에 의하여 인간 생활에 유익한 다른 물질로 변화되는 현상을 말하고, 좁은 의미로는 탄수화물이 미생물에 의해 혐기적으로 분해되는 현상이라고 정의할 수 있다. 요컨대 발효란 미생물이 영위하는 생명 현상, 즉 여러 갈래의 복잡한 물질대사의 흐름을 교묘하게 이용함으로써 값싼 탄소원, 질소원을 출발 물질로 하여 유용한 물질을 생산하는 수단이라고 말할 수 있다.

발효공업이란 발효 과정을 거쳐 이루어지는 생물화학적 또는 생물공학적 수법을 이용하여 유용한 물질을 생산하는 것을 말한다.

발효와 대사

미생물이 물질을 체내에 흡수하여 그것을 분해하거나 생체의 구성 성분으로 재합성하는 작용을 총칭하여 대사(代謝, metabolism)라고 한다.

대사는 두 종류가 있는데, 분해하는 작용을 이화작용(異化作用, catalism)이라 하고, 채 성분을 구성하는 작용을 동화작용(同化作用, anabbolism) 또는 구성대사(構成代謝, assimilation)라고 한다. 또한, 대사는 크게 나누어 1차 대사와 2차 대사로 구분할 수 있다. 1차대사는 기본 대사 과정이라고도 하고, 에너지 획득을 위한 대사와 생체 고분자 합성에 필요한 소재를 공급하기 위한 대사로 구분할 수 있으며 1차대사의 결과 만들어진 대사산물인 유기산, 아미노산, 비타민, 알코올, 용매, 지방, 핵산 등을 1차 대사산물이라 한다.

2차 대사산물의 대부분은 특정 시기나 특정 조직에서만 생성되기 때문에 대사산물의 경제적인 유용성과 더블어 형질 발현의 조절에 관한 연구도 필요성을 느끼는 바이다. 발효음료를 식음하고 어떻게 우리의 생체는 변화가 오는지를 설명하기 위해서 발효와 대사 과정을 표면적으로나마 이론을 빌려 서술하였다. 청정 에너지원을 섭생함에 있어 우리 몸속에 어떻게 유용한가를 알아야만 진정한 명품의 생산자가 될 수 있을 것이다.

● 필자가 말하는 발효미 미학이란?

1차 발효의 과정을 지나 2차 발효 과정에서 효소를 만들어내고, 그 효소를 다시 숙성시켜 세분화된 효소를 만들어 낸다는 의미이다.

발효미 미학은 필자만의 독특한 방법이다. 20년이란 시간을 함께 했고 기능적인 변화의 과정은 현재도 실험과 연구를 병행하고 있다.

성과물은 산업용으로 응용 부분을 계속 연구 중에 있으며 일부는 상용화를 진행하는 상품도 있다.

마침 흰눈이 내렸다. 하얀 눈을 보니 발효음료의 청량을 새롭게 하는 듯싶다.

순간 마음에 우러나 몇 자 적어 본다.

온… 산이

물 안개꽃으로 덮여 있다네

하얀 보석의 빛을 발산하고 하얀 면사포를 쓴 백설공주가 살며시 다가오는 듯 물안개의 산 내음이 내곁을 스쳐가네

초겨울 한계령 산중턱 깊은 산중에는 서리꽃이 피었네

수정같은 결정체를 표현하고 있었고, 눈으로 보는 감정은 목화솜 같이 포근한 행복감 자체였으며 솜사탕처럼 달콤한 사랑의 맛이라고 표현하고 싶었다.

감미로운 물안개 얼음꽃에 약초 향이 풍기는 꽃빙수 한 그릇을 의미한다면 어떠한 상상이 떠오를까?

산 전체가 흰눈이 쌓였다. 나무마다 서리 눈꽃을 하고 있노라면 마음이 왜 포근할까. 추운 겨울이지만, 자연의 신비와 예술적인 작품을 감상하고 있노라면 마음에 여유와 삶의 의미를 가슴으로 느낀다.

여기서 중요한 것은 누구에 의해서 인위적인 작품이 아니라는 점이다. 이것을 두고 우리네 사람들은 삶이 있어 하고 싶은데로 이루어지지 않는다는 표현을 자주하곤 한다.

순리와 역행….

삶에 있어 순리를 행하며 자연스러운 생활을 하라는 표현이기도 하다. 우리들이 살아가는 방식도 물안개의 기류와 눈꽃송이의 변장술과 다를 바가 뭐 있으며, 아지랑이 굽어져 오르듯 눈앞을 가물가물 거려 삶은 내 마음으로 하여금 중심을 흐리게 하는구나.

깊은 산속 물안개는 나의 중심을 실험하고 서릿발의 자연 눈

꽃은 나의 감성을 실험하는 듯싶다. 사람의 마음이 숲 속 안개와 같다고 말한다면, 하루에도 열두 번이나 더 바뀌는 저 모습 속에서 자기와의 싸움이 얼마나 많은 힘을 필요로 할까.

현대 사회에서 자기가 하고 있는 직업에 만족을 느끼는 사람은 극소수일 것이다. 이 시간에도 모든 이들이 하고자 하는 일에 애간장을 끓일 것이다. 이 또한 사람 사는 방식에 있어 발효의 모습하고 비슷한 현상이다.

필자가 이 지역에서 자라고 있는 산물을 통한 발효음료 개발과 연구를 해오고 있으며, 몇 가지만 소개하고자 한다.

● 참나무겨우살이

겨우살이라는 식물을 접한지도 10년이라는 시간이 지난 듯싶다. 이 고장에는 자연산으로 많은 양이 기생 서식하고 있다. 원재료의 공급이 원활하며 장기적인 측면에서 활착을 실험 중에 있다.

우리나라에서 자라는 겨우살이는 꼬리겨우살이, 붉은겨우살이, 동백나무겨우살이, 느티나무겨우살이 등이 있으며 실험 연구에 의하면 다른 수종에서도 서식이 가능하다고 생각을 하는 바이다.

겨우살이는 황금 가지라는 찬사를 받을 만큼 다양하고 뛰어난 약효를 지닌 식물이다.

건강 측면에서 보면 겨우살이는 동맥경화와 고혈압을 치료하는데 탁월하다. 혈압을 완만하게 떨어뜨리면서 그 효과가 오래 지속되며 혈액 속의 콜레스테롤 수치를 낮추고 동맥경화로 인한 심장병에 도움을 준다.

겨우살이 가지를 1일 30~60그램을 달여 먹으면 동맥경화로 인한 중풍을 예방할 수 있다.

겨우살이는 당료병에도 도움이 되고 임산부들의 안태작용에도 도움을 준다.

다음은 발효음료 만드는 과정을 본다.

① 겨우살이 나무를 잘게 자른다.

② 흑설탕을 1 : 1비율로 버무려서 항아리에 담는다.

③ 발효의 온도가 적당한 곳에 6개월~1년 가량 발효시킨다.

④ 항아리에 있는 내용물을 1차로 분리 정제한다.

⑤ 분리 정제된 내용물을 2차 용기에 담고 숙성을 시킨다.

음용 방법

① 발효 물질은 원액인 관계로 바로 음용하기는 거북스럽다.

② 언더락스 컵을 기준 8부의 내용물을 담는다면 원액은 2부 정도 넣을 것

약쑥 생약명 : 애엽(艾葉)

일반인들은 쑥이라고 하면 가벼이 생각하는 경향이 있는 듯 싶다. 흔히들 표현하기를 잘못된 사업, 못쓰게 된 현장을 보고 우리들은 쑥밭이 되었다고들 한다. 농촌에서 농부들도 싫어하는 식물이기도 하다. 논두렁, 묵밭 등에는 제초제를 뿌려도 다시 자라나는 식물이기 때문에 어떤 연유에서 이런 표현들이 자리매김을 하였는지 모르지만, 필자가 접하고 연구하면서 기능을 살펴보니 보배 같은 약의 재료였다.

쑥은 종에 따라 매우 다양한 성분을 가지고 있는데 주로 시네올(cineol), 세스키테르(sesquiterpene), 아테닌(adenine) 콜린(choline) 등을 함유하고 있다.

쑥은 30가지로 분류할 수 있다. 흔한 것은 참쑥, 물쑥, 산쑥, 제비쑥 등이 있다. 쑥의 기능은 모세혈관을 튼튼하게 하는 것과 혈액순환과 위염에 도움을 준다.

여성에게는 요통, 산후조리하는데, 아랫배를 따뜻하게 등 활용도가 높다.

① 봄에 잎을 따서 쑥술을 만든 후 조금씩 마시면 입냄새를 없앤다.

② 여름에 잎을 따서 2~3일 그늘에서 건조하여 보관한다.

③ 말린 쑥잎 20~30g을 헝겊 주머니에 넣어 목욕하면 요통에 도움을 준다.

④ 말린 쑥을 차로 달여 마시면 신경통에 도움을 준다.

● 쑥으로 발효음료 만들기

① 5~6월에 쑥을 채취하여 이물질을 분리한다.

② 쑥을 깨끗한 물로 세척하고 수분을 탈수한다.

③ 쑥과 흑설탕을 1 : 1 비율로 하여서 항아리에 층층이 담는다.

④ 내용물의 상단부에는 기포 방지용으로 무거운 추를 올린다.

⑤ 2개월 후에 내용물을 분리한다.

⑥ 암냉소에 보관하면서 음용을 하되 냉·온수를 희석하여 음용한다.

상기와 같은 내용은 1차 발효에 해당되고 2차 발효를 거쳐 효소로 가는 기법도 응용해보기 바란다.

선 체험, 기 치유, 담 휴양, 문화공간 창작

선(線) 체험

태양을 따뜻하게 맞이하자. 태양의 빛 속에는 몇 종류의 광선(光線)이 있는데, 그중에서도 원적외선의 기능을 체험해보자.

우리 조상님들은 원적외선의 존재를 모르면서도 오랜 옛날부터의 경험과 생활의 지혜로서 그의 이점을 이용해 왔다.

항아리를 땅속에 묻어 겨울 내내 즐기는 신선한 김치의 맛, 돌로 눌러서 싱싱함을 유지하는 동치미의 맛, 항아리에 짚을 넣고 보관을 하면 잘 익는 홍시, 된장찌개 맛을 더해지는 뚝배기의 비밀, 배가 아플 때 따끈한 기왓장을 배 위에 올려놓거나 배를 문질러서 효과를 보는 것, 따뜻한 온돌방에서 자고난 후의 개운함, 숯불구이나 돌구이 맛의 뛰어난 효과는 그 근본이 원적외선에 있다.

식생활의 용기로는 도기, 자기 등의 기타 옹기들이 있으며 주거하는 침실에도 난방은 온돌 구조로 하였고, 온돌은 돌 위에 흙을 덮어 방바닥을 만들고, 아궁이의 불로 돌을 달구어 방을 따뜻하게 하는 난방 형태이다.

온돌의 돌과 흙이 가열되면 원적외선이 방사되고, 체내에 흡수되어 공명공진 현상으로 발열 현상이 나타난다.

식생활 용기로서 옹기그릇의 특성을 살펴보면

① 강한 해취력이 있다

냄새 나는 생선 또는 육류를 끓인 국물인 곰탕, 추어탕 등은 옹기그릇에 넣지 않으면 냄새가 강해서 먹기 힘들다.

② 정화작용이 있다

개울물 또는 우물물을 떠서 옹기제의 독에 넣어서 하룻밤을 재운 후 음료수로 하였다.

재우면 물이 깨끗해지고, 물 때 냄새도 없어지며, 시원한 물로 되어 이 물로 요리를 하면 맛있다고 한다.

③ 선도 유지력이 있다

김치는 옹기독에 넣어서 땅속에 묻어 겨우내 신선한 맛을 즐길 수 있다.

④ 이상 발효를 억제하는 힘이 있다

된장, 약주, 식초 등의 양조품 기구는 목재 통을 사용하지 않고 옹기 병을 사용하여 왔다.

⑤ 방충과 온도 조정 기능이 있다

백미를 옹기제의 용기에 보존하면 여름에도 곡충이 생기지 않고 결미의 현상도 일어나지 않고 습도가 유지된다.

화강암에서 흐르는 물은 맛있다

지구는 긴 역사 중에서, 대기 중에 태양광선을 반사시키는 오존층이 있으나, 그 이전의 오존층이 없었던 태고에, 지구가 질척질척한 작열 상태에 있던 시대에, 용암은 넘칠 정도로 충분한 태양광을 받아왔다.

그 후, 용암이 식고 굳어져서 현재의 지층 일부를 만들었으며, 지금도 태고에 흡수한 태양광선을 방사하고 있다.

그중에서도 많은 생육 원적외선을 방사하는 바위가 현재의 화강암이다. 약수라고 하여 솟아나오는 물은 대부분이 화강암의 바위 사이를 통과하여 온 것이다. 그러는 과정에서 물은 화강암이 방사하는 생육 원적외선을 충분히 흡수하여, 그 힘에 의하여 물 자체를 활성화시켜서 물 분자 집단을 적게 만든다.

물 분자 집단(클러스터)이 적은 물은 맛도 좋고 인체에도 바람직한 물이라고 할 수 있을 것이다.

또한, 온천이 몸에 좋다는 것도 솟아오른 물인 지하수와 같은 이유에서다. 온천수의 솟아오름은 화산지대이며 고대에 태양광선의 에너지를 넘칠 정도로 충분히 받은 용암 근처에서 솟아오른 온천이므로 인체에 효과적으로 작용을 한다.

온천의 효능을 단지 함유 성분만으로 판단하는 것은 불충분하다. 바위로부터 받은 원적외선인 생육 원적외선의 온천수를 활성시킨 것에도 연유하고 있다.

술을 만드는 양조에 물이 중요하다고 하는 것은, 물의 클러스터가 크면 알콜올의 발효가 속까지 골고루 미치지 않고, 표면에만 멎고, 충분한 발효가 되지 않기 때문이라고 한다.

숯불 요리에 다른 맛이 있다면

근래 요리를 하는데 있어 연료로서 숯을 많이 보게 된다.

선인들의 옛날 이야기를 들어보면 숯불로 구운 생선이나 불고기를 먹으면 맛이 좋다고 한다. 왜 그런 연유가 있을까?

우선 숯은, 나무를 토벽에 넣고 밀폐하여 밖에서 열을 가하여 만든 것이다. 소재가 되는 수목은 성장 과정에서 태양광선을 듬뿍 흡수하였다.

암석의 원리와도 같이 나무는 숯으로 형태를 바꿨지만, 보다 센 생육 원적외선을 방사한다고 하며, 따라서 숯불요리한 것은 육류나 채소 등 그의 소재로 되는 식물의 세포가 활성화되고, 숯불에 원적외선이 대량 포함되어, 육류나 생선류의 내부까지 심달하여, 외측과 내부가 거의 동시에 구워지며, 맛의 근본이 되는 이노신산을 잔류시키기 때문이다.

포도주인 와인이 목제 술통 중에서 양성하는 것은, 목재 술통의 나무로부터 태양을 흡수한 생육 전파의 에너지가 재 방사되기 때문이다.

● 돌구이 고구마(오징어)는 맛있다

돌 위에서 구어진 고구마와 오징어는 맛이 있다. 돌로 구면, 돌로부터 방사되는 원적외선이 내부 깊숙이 침투하는 심달력이 있어서 고구마의 내부와 껍데기가 동시에 가열되어 껍데기가 구워지면 고구마 내부도 구어지며, 껍데기가 타지 않으며, 부두럽고 맛있게 구워진다.

자갈구이, 일반 불고기도 이와 비슷하며, 바깥이 타지 않고 속에도 충분히 가열된다.

● 원적외선 방사의 주요 기능을 보면

① 물의 활성화

물 분자의 진동 파장대인 10마이크로미터 전후의 원적외선이 물체에 조사되면, 공명 흡수 현상으로 물의 분자 집단인 클러스터가 적어지고, 또한 물 분자의 운동이 빨라져서 물 분자가 활성화된다.

② 생체 효과

생체는 대부분 물과 단백질로 이루어져 있으며 수분이 75% 정도이다. 물이나 단백질을 이루는 유기화합물의, 분자운동의 진동 파장대가 조사되는 원적외선의 파장대와 동일한 경우, 생체는 활성화된다.

유기 화합물의 흡수 스펙트럼은 6~14마이크로의 파장대에 집약되고 있다. 광선이나 근적외선 등은 생체에 흡수되지 않고 반사되지만, 원적외선은 흡수되어 침투력에 의하여 생체 내에 침투, 자기 발열을 일으켜 온열 효과 및 발한 효과를 가져온다. 이 작용으로 미세혈관 확장, 혈액순환 촉진, 조직의 활성화, 신진대사의 촉진, 노폐물 및 유해 금속 등을 체외로 배출시킨다.

③ 해취 효과

원적외선은 공기를 음이온화시키므로 취기의 주범인 물질의 양이온을 중화시켜서 냄새를 제거한다.

④ 숙성

숙성이란 식품의 단백질, 지방, 탄수화물 등의 효소, 미생물 등의 작용으로 부패함 없이 분해되어 특수한 향미를 갖는 상태를 말한다. 원적외선의 조사로, 식초에서는 균의 증식이 활발해지거나 균 자체가 활성화되고, 또한 된장에서는 효모 및 유산균이 각종 효소작용으로 숙성이 진행되는 등, 원적외선은 물을 활성화함으로써 수화성이 높아져 수성을 촉진시킨다고 보고 있다.

⑤ 생육 촉진

원적선으로 처리하여 활성화된 물은 식물의 성장을 촉진시킨다.

물 분자의 진동은 높아지고, 마찰이 일어나며, 물의 응집이 세져서 물은 상승한다. 식물의 성장은 모세관 현상에 의한 대사활동이 활발하게 되면 뿌리는 액비를 힘차게 빨아올려서 성장이 촉진된다.

화초의 성장도 빠르고 꽃잎도 오래 지속된다.

⑥ 기능을 첨가한 에너지 절약

농산어촌에서 직접적으로 활용을 할 수 있는 품목이 농임산물 건조용 건조기, 주거용 침실 등이 있다고 볼 수 있다. 원적외선은 침투력이 뛰어나서 물질 내부에 깊숙이 침투하여 심부에서 자기 발열을 일으키고, 내부가 균일하게 가열되므로 식품, 인체 등의 효율적인 가열이 가능하며 가스, 전기 등에 의한 방법보다 경제적인 효과를 얻을 수 있다.

담(潭) 휴양

기존에 있는 휴양이란 단어는 조용한 곳에서 편안히 쉬면서 몸과 마음을 보양함이라고 표현을 한다.

담 휴양이라는 단어는 사람에 따라서 체질에 맞는 맞춤형 휴식의 개념이라고 생각하면 되고, 선 체험과 기 치유를 병행하여 아우르는 것을 담 휴양이라고 하면 될 것이다.

담 휴양의 실체는 미래의 지혜를 창의할 수 있는 상상력 향상과 생활 선(線)을 함께 체험하면서 자아 가치를 증진시킨다는 의미를 갖는다.

우리나라에 휴양이라는 개념이 도입된 지도 시간이 조금 지난 듯싶다. 외국으로부터 도입이 되어 지금까지 이용을 해왔으나 휴양문화가 우리나라다운 한국형으로 정립이 되어 있지 않아서 매우 아쉬운 점을 남기기도 한다.

대다수의 국민들은 소득과 문화수준이 높아짐에 따라서 삶의 질을 높이고자 하는 이들이 점점 증가를 하고 있는 추세이다.

삶의 질에 관한 프로그램으로 레저문화와 숲 속에 생태 탐방을 선호하고 있으며, 다면적인 수양을 하고자 하는 이들이 많이 있다. 한국형 휴양산업을 창조하고 휴선문화를 선도하기 위한 새로운 콘텐츠로 선을 보이게 되었다. 휴선의 콘텐츠는 선(仙) 체험, 기(氣) 치유, 담(潭) 휴양으로 구성되어 있다.

현재 몇몇 곳에서는 본 프로그램을 부분적으로 실행하고 있는 곳도 있다.

근래에는 웰빙이라는 이름하에 고급 휴양 프로그램을 체험하고자 하는 이들이 많으나 수요 대비 공급이 부족한 관계로 만족을 느끼지 못하고 국외관광이라는 명목으로 국외로 나가고 있다. 이로 인한 한국의 휴양문화 발전과 관광산업 발전에 찬물을 붓는 악순환을 반복하고 있다.

현재 우리나라 휴양문화의 환경과 시설은 이렇다고 생각한다. 선진 외국에 비하여 우리의 실정은 휴양이라는 문구는 특수성이 있으며 특정인들이 특수한 프로그램을 운영하면서 즐긴다는 인식을 갖는 듯싶다. 서양의 유럽 쪽이나 동남아의 아시아 쪽이나 양쪽을 비교해 보아도 우리나라는 시설면과 운영면과 서비스면에서 어느 것 하나도 앞서가는 부분은 없는 듯싶다. 우리나라에도 시설과 함께 운영을 잘하고 있는 곳도 있다.

그러나 그런 곳은 몇몇 곳에 불과하며 특정인들을 위한 시설 위주여서 아쉽고 대중성이 없다는 데서 활성화가 되고 있지 못하다. 더 나아가서 외국의 사례를 보면 휴양을 단순히 여가와 휴식의 차원을 떠나서 휴양을 산업이라는 이름으로 관광과 연계하여 경제적으로 수익을 창출하고 있다는 것이다. 우리나라도 이에 발맞추어서 한국형 브랜드를 가진 휴양문화를 창조하여 산업화를 실행함과 동시에 경제적인 효과를 보았으면 하는 바이다.

휴양지의 고객층도 국내의 고객과 더불어 외국 손님을 유치하자는 것이다. 1995년 1년간 평가자료에 의하면 모두 34조 6110억 원에 상당하는 사회적 편익을 국민 일반에게 제공한 것이 되며, 이를 임업 총생산량과 비교하면 35배에 해당하고 국민 1인당 평균 78만 원의 혜택을 주고 있다.

이제는 우리 대한민국도 휴양산업을 활력화시키기 위해서는 다 함께 노력을 기울여야 할 때라고 생각하는 바이다.

휴양이라는 의미를 되새겨 본다. 사람에 있어 휴양의 조건은 반드시 숲 속에서만 실행을 하여야 된다는 논리는 아니다. 휴양과 휴식의 환경은 크게 두 가지로 분류할 수 있다. 농산어촌 자연 공간과 도심의 숲과 레포츠 공간이다.

첫째, 자연환경이 좋은 산과 계곡과 숲이 있고 공기가 좋으며 조용한 곳을 우리들은 휴양과 휴식을 실행하기 좋은 곳이라고 할 것이다.

둘째, 도심 속에서 휴식과 휴양을 할 수 있는 곳도 많이 있다. 업무상 시간을 많이 못내는 사람들을 위해서 도심 속에 있는 기존 레포츠 공간을 활용하여 자신에게 알맞는 여가를 즐기면 될 것이다. (공간으로는 소공원, 약수터, 수영장, 에어로빅, 헬스장, 명상 수련실) 등이 있다.

휴식과 휴양을 실행하기 좋은 조건으로서 꼭 산과 계곡을 찾을 필요는 없다고 생각을 한다. 또한, 체험과 치유의 환경에 있어서도 녹색의 자연 공간만을 고집할 필요가 없다는 것이다. 우리들은 일반적으로 체험을 위해서 농촌의 전원을 찾는다든지 치유의 행위를 위해서 삼림이 많은 숲을 찾는다.

필자는 이렇게 생각한다. 생활 체험과 생활 치유와 담 휴양은 자연환경만을 요구할 필요가 없다는 것이다. 도심에서 자기가 생활을 하는 공간에서도 얼마든지 할 수가 있다.

도심에서 생활을 하고 있는 사람들은 업무에 고립이 되어 시간적인 여유란 좀처럼 어려운 일이다. 그래서 먼 거리를 탐방한다는 것은 소수의 사람들이나 실행이 가능할 것이다.

많은 사람들이 공통적으로 실행할 수 있는 휴양 환경을 만들어보는 것이 시급한 현실의 과제인 듯하다.

농산어촌에서 체험, 치유, 휴양을 실행할 수 있는 방법을 찾아보자.

선 체험과 기 치유를 함께 할 수 있는 곳은 팜스테이, 녹색 체험, 전통 테마, 산촌 생태마을 등이 있고, 기 치유와 담 휴양을 함께할 수 있는 곳은 마을 관리 휴양지, 전원 특화 단지 등에서 각각의 체험을 실행할 수는 있으나 부분적으로는 시설과 환경이 만족스럽지 못한 곳이 많이 있다.

우리나라는 금수강산이다. 전국적으로 볼 때 산수를 통하여 휴양을 실행하기는 매우 좋은 환경을 가지고 있다. 그러나 부분적으로 프로그램이 부족하다는 것이 선진국과 비교하여 단점이라고 지적할 수가 있다. 이를 보완하기 위해서 농림수산식품부에서는 2008년 6월 8일을 전후하여 체험 및 휴양 마을 사업이라는 새로운 기획물을 내놓았다.

그러나 국회를 통과한 시간이 짧아서 사업으로서는 자리를 잡지 못하고 있는 실정이다. 앞으로 점진적으로 체계적이면서 구체적인 프로그램에 의한 사업 지침이 만들어지리라고 생각을 한다. 그러나 언제쯤 선진국 수준의 프로그램과 사업의 인지도가 자리매김을 할는지는 의문이며 지방정부와 공무원의 의지와 주민의 노력이 함께 필요로 하는 부분이기도 하다.

농산어촌에서 경제의 원리에 의한 산업으로 접목을 해보자. 마을 단위에서 기존에 실행하고 있는 사업으로는 마을관리 휴양지가 있다. 현재 마을 자체적으로 운영하고 있는 휴양지는 연간 이용률이 낮다는 것이 문제점으로 대두되고 있다.

장소의 환경과 경영의 능력에 따라서 농외 소득을 올리는데 있어 큰 효자의 역할을 하는 곳도 많이 있다. 기존에 실행을 하고 있는 마을 단위 휴양지를 활성화하는데 초점을 맞추어 현재 20~40일의 요율에서 80~100일을 사용할 수 있는 프로그램을 만들어 볼 필요가 있다. 지자체별로 추가적인 사업비를 많이 들이지 않고서도 변화를 가져올 수가 있다는 것이다. 그러기 위해서는 첫 번째 할 일은 기존에 운영하고 있는 휴양지들을 현실적인 실태조사 및 등급을 선별하여야 한다.

둘째로 할 일은 경영자 주체의 능력에 따라서 휴양 지역별 그곳 현장에 맞는 프로그램 지원과 동시에 계속적인 모니터링을 통한 효율성을 찾아야 할 것이다.

농산촌의 기존에 있는 휴양지들은 이와 같은 방법으로 변화를 가져올 수가 있다. 더불어 중앙정부가 새롭게 제시한 프로젝트는 글로벌 수준으로 접근을 하였으면 한다.

말로만 아름답게 포장할 것이 아니고 실용이 가능하고 내구성 및 지속성이 가능하도록 정책을 구성하였으면 한다. 때문에 한국형 브랜드 개발이 필요한 시기이다.

활력화에 필요한 것은 사업에 있어 비전을 제시함과 동시에 부가가치가 수반되어야 할 것이다.

이제는 휴양이라는 이름도 단순히 복지 차원이 아닌 산업으로 접근을 해야 하며, 관광과 연계를 하여서 휴양산업이라는 새로운 시스템으로 접근을 해야 할 시기이다.

국제적으로 경쟁력을 가져 보자는 것이다. 그리고 동양에 있는 새로운 보물을 새롭게 창조해 보자.

그리하여 필자가 금번에 한국형 휴양산업 창조를 위한 프로그램을 출시하였다. 프로그램으로서 화두는 휴선이라는 제목으로 시작이 되었고 농산어촌 미래 녹색 휴양산업을 창조하는 휴선(烋仙) 포럼이 창립되었고 활동이 진행 중에 있다.

녹색 테르펜(피넨) 흡기 체험장 창작 사례

피톤치드 피넨 흡기 체험장을 창작하여서 선을 보인지도 벌써 10년이라는 시간이 지난 듯싶다. 순회 강의를 통하여 여러 차례 소개를 한 적이 있는데, 많은 사람들이 관심을 가지고 있고 만들어보고 싶다고 하여서 간단하게 소개를 하고자 한다.

테르펜 체험은 생물을 통한 기능성이 내재됨으로써 장점과 단점이 발생된다. 장점으로서는 피넨의 성질을 가까이서 효율적으로 체험할 수가 있는 부분이고, 단점으로서는 볏짚의 수명이 오래 가지를 못한다는 것이다. 천연의 생태를 체험하는 프로그램이라 사용 시에는 특별한 관리가 요구된다.

● 녹색 테르펜(피넨) 흡기 체험장

● 수면 체험장

● 체험장에 소요되는 자재의 종류

① 솔나무분, 찹쌀풀, 우뭇가사리, 약초소량

② 이온초로볼, 초로볼하우징, 면포막, 비닐막

③ 소나무, 잣나무, 전나무, 삼나무

④ 철골 하우스대의 종류, 철골각 파이프류

⑤ 게르마늄 원석, 셀레사이트 원석, 흑운모 원석, 황토질

⑥ 갈잎, 볏짚, 나무 패널, 너와류

● 쾌적한 설치 장소 선택

① 일조량이 많을 것(출입구는 남향으로 할 것)

② 주변 산림자원이 활엽수보다 소나무, 잣나무가 많은 곳을 선택할 것

③ 강변 또는 물소리가 많이 나는 곳을 선택

④ 자연풍과 바람이 작은 곳을 선택

⑤ 사람들의 통행이 작은 곳

⑥ 장마 시 배수가 용이한 곳

● 테르펜 흡기 체험장 시공 방법

① 기초 토목 작업을 한다. 지면으로부터 지하로 50~70cm 정도 깊이를 굴착한다. 그리고 원석으로 기초를 다진다.

② 체험장 평면 전체를 원석으로 다진 다음 4면 가상자리는 기둥을 세울 수 있도록 입형 콘크리트를 타설한다(돌기둥으로 갈음해도 좋다).

③ 기초 석이 완성되면 4개의 기둥을 시작으로 반타원형의 골격을 형성한다.

④ 체험장의 1차 골격 반타원형이 완성되면 2차 공정을 시작한다. 2차 공정으로는 세망 작업을 한다.

⑤ 2차 공정이 마무리되면 그 윗면에 솔잎, 잣잎을 20~30cm 정도로 씌운다.

⑥ 3차 공정은 방수막 작업을 한다.

⑦ 4차 공정은 표면 공사로서 볏짚이나 갈대잎으로 덧씌운다. 위와 같은 공정이 끝나면 외장공사는 마무리되었다고 볼 수 있다.

⑧ 5차 공정은 내부의 작업으로서 2차 공정을 실내에서 실시를 한다. 세망과 솔잎 사이로 세라볼 하우징을 장착한다. 세라볼 하우징 간격은 30~50cm로 한다.

⑨ 내부의 천장 공정이 마무리되면 장판의 바닥 작업을 한다. 장판 1차 공정은 순황토와 약초와 숯을 첨가하여 15cm 정도를 도포하면서 다진다. 2일 정도 경화를 시키고 장판 2차 공정을 한다. 재료는 게르마늄 원석을 포함한 약초를 희석한다. 1일 정도 경화를 마치고 장판 3차 공정을 시작한다. 장판 3차 공정은 천연 소재로 하되 미세 몰탈을 만들어서 천천히 작업을 하는 것이 차후에 균열이 작게 되는 우수한 방법이 된다.

림(林)의 기능을 통한 행복한 생활

숲은 당신을 기다립니다.

당신에 숨소리가 담겨 있는 이 숲 속에서

나는 당신을 기다립니다.

숲은 나를 오라고 손짓을 한다.

자연의 모든 것 다 준다고 하면서 두 팔 벌려 나를 맞이한다.

그리고 조건 없이 나를 품에 안아준다.

숲은 사람들로 하여금 어떻게 행복을 주는 것일까?

조건 없이 베푼다는 의미에서부터 시작되는 듯싶다.

잡초… 잡초같이 강인한 숲, 그 숲 속에는 나무가 서 있고 림이라는 공간을 구성하고 있다.

약초… 풀 속에서 에너지를 갈구하고자 하는 인위적인 마음, 숲 속에는 산삼이 자리하고 있다. 인간들의 자연적인 에너지원의 섭생에 욕망을 메워주려고 한다.

감초… 독성분을 중화시키는 풀이 있다. 삶에서 쓴맛과 단맛이 있는데 균형을 위한 중립의 기능을 한다. 누구나 한 번쯤은 삶의 생활에서 사회가 필요로 하는 한 포기의 약초가 되어보자.

잡초 같은 인생 모질게도 살아볼 필요가 있다. 잡초이기 때문에 더더욱 애절하게 살아야 되는 사명감이 있는지도 모른다.

농경사회에서 우직한 일꾼이 되는 한우라는 동물의 세포도 풀 한 포기 한 포기를 더하여 형성된 물체이다. 풀 한 포기 에너지가 내면으로 흡수가 되면서 행복이라는 산물을 생산한다. 조물주는 사람들에게 번민과 고통과 생각의 공간을 주었다.

숲에 있어 잡풀은 귀찮은 존재이다. 그러나 우리들의 생활에 있어 많은 가르침을 주며 삶에 있어 지쳐 있는 우리들에게 7전 8기라는 훌륭한 지침을 주기도 한다. 여기서 우리는 잡초의 가르침에 귀 기울이자.

밟아도 죽지 않으며 꺾어도 꺾이지도 않으며 잠시 숨을 죽일 뿐 또 살아난다. 이는 우리가 살아감에 있어 반드시 배워야 할 부분이다.

사람은 살아가면서 힘들고 어렵고 때로는 좌절하고 실패를 하여 죽고 싶으리 만큼 고통을 많이 겪을 것이다. 그러나 우리는 사람이고 사람의 힘이 대단하다는 것을 스스로 인정을 하자. 하찮은 잡초도 생명력과 생활력이 대단하지 않는가. 잡초를 앞에 두고 사람이 먼저 좌절을 한다면 이것을 보고 잡초만도 못한 사람이라는 말을 할 것이 아닌가.

사람의 마음이란 순간순간 요동을 친다.

마음이 순간 요동을 칠 때 비약이 되는 사물을 보자. 잡초와 동시에 약초가 되는 쇠비름이라는 풀이 있다. 이 풀은 우리가 살고 있는 주변에서 많이 서식하고 있으며 관찰의 대상이 되기도 하는 풀이기도 하다. 이 풀의 성질은 땅으로부터 뿌리를 뽑아도 생명력은 쉽게 그칠 줄을 모르고 조그만한 에너지만 보충이 되면 다시 살아나는 모진 생명력을 가지고 있다. 이 풀은 건조 시에도 햇볕에서 10일이 지나도 형체가 그대로인 만큼 특수한 성분을 가지고 있다.

사람에게 유익한 성분을 제공해 주기도 한다. 쇠비름에는 오메가-3 지방산이 많이 들어 있으며 장을 튼튼하게 하고 대변과 소변을 잘 나오게 하는 작용을 도와주는 기능을 가지고 있기도 하다. 자연에서 쓸모가 없다는 풀조차도 사람에게 유익한 영양소를 제공한다. 나 스스로가 쓸모가 없는 것이 아니고 각자의 기능과 역할이 있다는 이야기이다.

즉, 말해서 자신만의 독특한 고유 기능이 있다는 것이다. 그러므로 우리는 삶에서 어떠한 고뇌를 접하더라도 피하지 말며 정면을 돌파할 수 있는 생활에 지혜를 얻고자 노력을 해야 한다. 고행 다음에 오는 행복의 맛이야말로 진정한 행복의 맛으로 느낄 것이다.

우리는 숲의 잡초에서 인간사 번뇌를 슬기롭게 돌파할 수 있는 기운과 지혜를 얻자. 그리고 그 작은 에너지로 하여금 나의 육신에 큰 힘이 되도록 파동을 쳐보자.

숲이 있는 숲 속의 공간이나 사람이 살고 있는 삶의 공간이나 생리적으로 살아가는 형태를 보면 일용하는 양식의 방향과 생활방식은 같다고 본다. 숲의 공간과 사람들의 삶의 공간이 다른점이 있다면 숲의 공간은 친화 관계가 좋으며 배출물을 스스로 정화하는 기능을 가지고 있다는 것이다. 사람들의 삶의 공간은 생활 주변에 남을 위한 배려의 미약과 생활의 배출물을 타인의 힘에 의하여 정화를 한다는 것이고, 부분적이지만 자기만의 이익을 위한 물욕이 가득한 삶이라고 볼 수 있다.

위와 같은 내용으로 볼 때 숲과 사람의 삶에서 공통점이 있다면 서로의 배려와 오물의 정화 기능이라는 것이다.

이즈음 우리네 사람들은 숲의 기능을 통한 삶의 생활을 새롭게 할 필요가 있다고 본다. 숲은 새로운 것이나 타 물질에 관하여 큰 욕심 없이 자기가 갖고 싶어하는 만큼만 가지며 공간을 영위한다는 것이다. 그런데 도시에 살고 있는 우리는 어떠한가? 같은 조직 사회에서도 자기 주변을 위한 배려는 얼마나 하고 있으며 생활환경 보존을 위해서 개선해 보려고 얼마나 노력을 해보았는가?

혹자는 자기만의 욕심 속에서 살아가고 있지는 않는가 하는 의문을 남긴다. 숲에 있는 나무는 행복을 창출하는 기회를 주고 숲에 있는 향기의 바람은 행복을 전해주는 전도사의 기능을 하기도 한다. 숲은 언제나 싱그럽고 상쾌하다. 그 속에서는 언제나 행복이 넘쳐나고 있다.

행복이란 평등하다. 행복의 추구권은 귀천이 없다. 누구에게나 기회는 주어진다. 그러나 준비된 자만이 기회를 잡을 수 있다. 도시는 그저 메말랐다고 표현을 해야 할까. 사람들로 하여금 싱그럽고 정겨운 냄새가 나지 않는다.

사람으로서 열심히 움직이는 것 같은데 로봇처럼 생기가 없고 눈에 힘이 없다. 사람다움에 있어 자연미가 없고 인공으로 화장을 한 모습이 부자연스럽게 표출이 될 뿐이다. 인간 생활사 고뇌를 숲을 통해서 반성을 하고 새로운 것을 익히며 고뇌의 출구를 향한 지혜를 얻어야 할 것이다. 항상 새로운 힘으로 재도약할 수 있는 발판으로 삼고 괴로움을 즐거움으로 생각하며 살아가야 할 것이다.

삶에서 인간사 번뇌는 누구에게나 있다. 이 번뇌를 해탈하려고 부단히들 노력을 한다. 그래서 그 방편으로 지혜의 학습을 수련하기도 한다. 이것을 우리들은 생활 수행이라고 말할 수가 있을 것이다.

수도자들만이 수행을 하는 것이 아니고 일반생활을 하는 자들도 바른 생활이라는 습관 규칙을 수행해야 한다. 이를 실행하는 자는 참된 삶을 살아가고 있다고 말할 수 있을 것이요, 그렇지 못하면 사람은 이성적인 동물이 아닌 비이성적 동물의 삶이 될 것이다.

인간사 번뇌와 참 생활의 길이란 지혜의 강이라고 표현을 하고 싶다. 지혜의 강을 건너기 위한 지혜의 교량이 필요하다.

현명한 자는 스스로 저울질을 잘하여 교량을 슬기롭게 통과할 것이요, 우매한 자는 스스로의 저울 기능을 오판하여 교량 통과에 실패할 것이다. 인생을 살아가노라면 산을 넘고 강을 건널 일이 많이 있다. 아무리 작은 산과 강이라 할지라도 넘고 건너는 지혜를 익혀야 할 것이다.

삶에서 균형을 위한 저울질을 할 때에는 저울의 눈금을 잘 읽을 줄 아는 지식과 지혜가 필요할 것이다.

자연의 순리적인 생활에서 지혜를 득(得)한 자는 기다림의 인고에서 달콤한 열매를 얻을 것이고, 그 배려의 덕(德)으로 선물을 받게 될 것이다.

그에 달콤한 선물은 사랑과 행복이 가득 담겨져 있으며 그 행운의 열쇠가 스스로에게 다가올 것이다.

부록

녹색 공감, 자연 이야기

초록의 길

月氣 조명상

초록의 길
하루살이에 있어
현재는 문자 그대로 최상급이다
산림 속 숲에 있는 기운을 마시자
아름다움과 숲의 향기를
자아 목표에 있어 교두보의 촉매제로 활용하자
생활 속에서 아름다움과 향기에 젖어 방황을 한다면
자칫 연속적인 잠을 이룰 것이다
피는 꽃 다시 피지 않으매
이제는 열매 속에 있는 씨앗을 생각하자
어렵게 핀 한 송이의 꽃이
아름다움과 향기를 더하기 위해
모진 번뇌를 맛보았다면
정녕……
낙엽이 되면서 피가 되고
살이 되는 한 줌의 거름이 되자

모든 사람들이여……
우리의 신은
옷깃 사이에서 맴돈다
남, 녀, 노, 소 차등이 없고, 공간도 제한이 없다
열심히 살고자 하는 자는 땀이 보일 것이며,

땀은 곧 피[血]라는 표현으로 형용할 것이요

땀을 보이는 자만이 스스로에게 행운의 신이 방문할 것이다

우리 모두

성공을 위한

자기만의 옷을 탈바꿈하여

스스로에게 맞는 새로운 길을 개척하자.

기다림

月氣 조명상

신비의 공간임과 동시에 가슴 설렘 그 자체이다
미래 세계를 동경하고 꿈과 희망을 갖게 하며
기대(期待)란 단어는 듣기만 하여도 힘이 솟는다

기대란 단어는 열정을 샘솟게 하는 정기가 있고
소박하면서도 간절한 소망이 담아있다
삶에서 오늘을 열심히 산다는 것은
내일에 있어 꿈과 희망을 기대하기 때문일 것이다

누구나 한 번쯤은
기다림이라는 단어 속에서 가슴을 설레 보았을 것이다
그리고 때로는 자식 문제와 자아의 발전에 있어서
성공을 원하는 기대를 가져본 자들이 많이 있을 것이다

희망이라는 단어는 누구에게도 간직하고 싶은 단어이고
희망은 우리들의 삶에 있어 보약과도 같은 보물이다
내일을 위한 희망과 성공을 위한 기대가 없다면
오늘도 내일도 존재의 의미가 없을 것이다

고로 기대(期待)란
내일을 위한 길잡이로서 영혼의 신 같은 존재이고
샘에서 샘물이 솟아나듯이
온몸 전체에서 활력이 솟아오른다

즉, 인생에 있어 삶이란
희망+기대+기다림+성공의 매체가 생활 속에 자리하고 있다.
그만큼 우리들은 미래를 향한 기대 속에서
희망이라는 열매와 함께
기다림이라는 포근한 둥지를 만들어가는 듯싶다.

참나무같은 인생

月氣 조명상

도토리 한 줌을 주워서
도토리묵을 만들어볼까
아니면 국수를 만들어볼까

참나무의 생명 에너지는
사람들에게 유용한 생필품을 제공한다
먹을 거리도 주고 숯도 주고 주거용재로서의 기능도 준다

나는 이웃과 사회를 위해서 무엇을 할 수가 있을까
나무와 같이 베풀 수 있는 여유가 있었으면 한다
참나무 밑에 앉아서 수행을 좀 더 해보자

참나무 숯은 압력을 받으면 다이아몬드 같이 강도가 강해진다
당신 안에는 얼마나 많은 다이아몬드가 숨어있을까요
시련과 고통은 숯을 다이아몬드로 바꾸는 열원의 압력입니다
시련과 고통은 우리를 보다 완전한 인간이 되도록 해주는 보약입니다

살아서도 남에게 필요한 존재와
죽어서도 남을 위해 필요한 존재가 되자
참나무는 나에 뼈를 강하게 해준다
참나무의 생리 같은 인생을 살고 싶다.

벼랑 끝에 서서 기다림

月氣 조명상

큰일을 도모하려고 할 때는
벼랑 끝에 서서 내 모습을 바라보자
그러면 손실의 범위를 줄일 수 있을 것이다

시련과 아픔이 연속일 때
벼랑 끝에 서서 자신의 뒤를 돌아보라
또 다른 새로운 길이 보일 것이다

끝이란 곧 시작을 알리는 과정이지
마지막을 알리는 최종적인 결과의 산물은 아니다
지는 해는 석양과 함께 하루를 끝내고
뜨는 해는 여명과 함께 하루를 새롭게 시작한다

자신을 지혜롭게 만들어보자
자신을 강하고 지혜롭게 만들려면
앞도 뒤도 없는 벼랑 끝에 서서 기다림을 체험해보자
생활의 지혜란 새로운 시련과 동시에 수련을 요구할 것이다.

항상 스스로의 마음을 새롭게 담금질하자
그러면 강인함과 지혜로움이 인생의 새로운 지표가 될 것이고
희망의 길이 당신 앞에 기다리고 있을 것이다.

기다림 마케팅

月氣 조명상

당신을 기다립니다
당신의 따뜻한 마음을 기다립니다
대한민국 국민은 녹색 명품을 기대합니다

고객은 명품을 간직한 당신을 기다립니다
고객이 당신에게 다가오기를 기다리지 말고
당신이 먼저 고객으로 하여금 기대를 하도록 만드세요

명품은 기대란 논리 속에 새롭게 탄생합니다
미래의 마케팅은 명품만이 존재하고 고객을 맞이할 거예요
명품은 내면의 마음으로부터 창조가 가능합니다
이 시대에 맞는 상상력으로 새로운 명품을 창조합시다

경제 논리에 의한 시장은 넓고도 높습니다
홍보기획과 마케팅의 방법에 따라서
시장의 폭과 부가가치의 눈높이가 맞추어질 거예요

마음을 상품화하고
마음을 팔고 사는 세일러의 길을 찾아서
기대하며 기다리고 있는 고객을 구하자
오늘도 고객은 당신을 기다립니다

생각대로의 뇌

月氣 조명상

아침에 눈을 떠서 저녁에 취침을 할 때까지
삶의 과정은 생각에서 생각으로 일과를 마무리하는 듯싶다
생각은 창조의 근원인 동시에 온갖 불화의 근원이다
때로는 생각은 뇌를 죽이기도 한다
뇌를 죽이는 생각의 종류는 무수하게 많다
후회, 집착, 원망, 불안, 수치심, 죄의식, 탐욕 등

뇌에 저장된 정보의 질이 운명을 결정한다
삶에서 일의 과정은 스스로의 결정과 결단을 요구할 때가 있다
판단이 잘못된다는 것은 돌이킬 수 없는 길을 걷는 것과도 같다

뇌는 당신이 해석하는 대로 정보를 저장한다
자연 속에 있는 넓은 숲 속을 마음에 담아보자
그리고 그 속에 있는 생태를 분석할 수 있는 능력을 기르자
분석 능력의 함양은 순간의 선택을 좋게 한다.

단순한 생각

月氣 조명상

단순의 의미는
단조롭고 순수하다는 가벼움이 들어있다
녹색 잎을 맞이하듯 자연을 단순하게 맞이하자
생각은 가볍게 스쳐가고 물은 가볍게 흘러간다
생각은 가벼우나 무게가 있고
물은 가벼우나 무거워서 들지를 못한다.

물질에 따라 순리에 의한 환상을 창안하자
폭이 넓고 높은 것보다는
좁으면서도 낮고 깊이가 있는 진리를 생각하자
공간에 떠있는 허상보다는
실천이 가능한 실상을 마음에 담자

나무는 온종일 단순하게 서서 있다
우리가 보고 있는 눈이 단순할 뿐
나무의 내부에서는 활동적인 동력소리가 쉼 없이 들려온다
나무에 단순성이란 외부적으로 서서 있을 뿐
내부적으로는 꿈을 꾸며 실현을 순환한다
단순한 생각은 순수성을 창조한다

생활공간

月氣 조명상

성공은 눈높이에 있고
행복은 자기 안의 제어기에 있다

성을 쌓는 것이다
인간다움의 가치관을 쌓는 것이다
높은 이상과 큰 야망만이 그리고 선을 추구하는 마음만이
인생의 모든 시련을 극복할 수 있는 유일한 방법이 아닐까

고경에 서면 분발하고 곤고에 당해지면 오히려 강해지는
사람됨이 마땅치 아니한가

기회는 항상 있는 것이 아니고 스쳐갈 뿐이다
어떠한 작은 일이라도 최선을 다하고 선하게 펼쳐나가라
오늘 떠오르는 태양은 어제의 그 태양이 아니라고 생각하고

날마다
새롭고
새로운 인생……
자연다움의 인생을 살아라.

허물

月氣 조명상

지구상에 존재하는 모든 생명체는 허물을 안고 있다
살아 숨쉬는 생명체들은
허물을 마시는가 동시에 허물을 벗으려고 갖은 애를 쓴다

그중에서도 사람의 허물이 있고 나무의 허물이 있다.
사람과 식물들은 생리라는 과정을 수반한다
허물을 마시고 벗는 과정에는
스스로 마시고 벗는 자와
타인의 힘으로 마시고 벗는 자가 있다.

사람으로서 안, 밖으로 있는 허물을
자신의 몸에 맞게 포장을 잘해보자
그리하여 허물을 스스로 벗을 수 있는
능력과 기회를 만들어보자
미래에는
허물도 디자인으로 표현을 하는 시기가 도래할 것이다.

양지를 향하여

月氣 조명상

무에서 유를
창조하는 개척정신을 가져보자
때가 늦었을 때
자연의 시장으로 시작을 하는 것이다
높은 빌딩의 계단을 오르듯
한 종목을 꾸준히 하며 한 가지씩 완성해 가자는 것이다

자신 안에 주어진 환경을 놓고
부정적인 방식으로 탓하지 말자
일이 잘 안 되고, 할 수 없다면
긍정적인 사고로 해결의 열쇠를 찾아라

길은 길 속에 있고
걷고자 하는 자만이 걸어갈 수가 있을 것이다
저 하늘에 빛은
첫발을 내딛는 자에게 빛을 줄 것이다.

항구와 바다

月氣 조명상

바다와 같은 넓은 마음으로 소통과 이해를 구하자
엄마에 따뜻한 품 항구에서의 오랜 기다림

수평선 동녘의 바다를 바라보면서
새롭고 슬기로운 해 오름을 기다림
항구를 떠나가는 배를 바라보면서
만선을 하여 귀항을 하는 배를 기다림

오늘도 어부의 가족들은
동녘의 해 오름과 귀항하는 배를 기다리면서
무사와 행운을 간절히 기대한다
하루하루를 기대 속에 생활을 하면서
우리는 자연의 만물들과 소통을 하고자 기회를 기다린다

항구와 바다가 공통점이 있다면
소통할 수 있는 마음의 문이 항상 열려있다는 점이다.
해상에는 배들이 떠다니고
해저에는 고기들이 순환교류를 한다

잠재의식과 영혼이 소통할 수 있는 공간을 향하여
마음의 문을 열고 지혜를 새롭게 익히고
따뜻한 마음으로 의식을 새롭게 구하자

그리고 원 순환의 교류를 위한 소통의 기법을 익히고
동녘으로부터 밝은 지혜가 떠오르기를
오늘도 기대 속에서 기다립니다.

끝과 시작의 기다림

月氣 조명상

끝은 곧 시작이다

늦가을 낙엽이 뒹구는 것을 바라보면서
아~ 가을이 가고 겨울이 다가오는구나 하고
사람들은 한 번쯤 생각을 할 것이다

이것이 끝이다에서부터 스스로를 단련하라
그러면 긍정의 마음과 긍정의 힘이 생길 것이다
인간은 생(生)과 사(死)의 기점에서
새로운 발상의 지혜를 수반한다

끝은 곧 중간 마디마디를 의미하는 것이다
대나무의 마디는 끝과 동시에 마디가 시작된다
늦었다고 생각했을때 희망을 가지고 출발을 하라
희망에 배[船]는 출발을 위한 열린 문을 가지고 있다

나무 상층부 가지 끝의 잎사귀나 나무 뿌리 부분 잔뿌리는
위치와 역할 기능이 다를 뿐 나무로서의 몸체는 한몸이다
나무의 가지에는 수많은 잎이 달렸다
일일이 역할을 헤아릴 수는 없지만
모두다 소중한 부분들이다
한 잎사귀의 기능이 끝나면
또 다른 잎사귀의 기능이 시작된다는 의미이다.

깊은 잠

月氣 조명상

오……

사랑하는 이여

자에 기도를

하늘이 있다면 날개를 주옵시고

땅이 있다면 길을 주옵시고

자 에게 죄가 있다면 벌을 주시어

이 땅에 서게 하소서

오……

사랑하는 이여

주옵시되

날지 못하는 날개를 주시고

주옵시되

험악한 가시 밭길을 주시고

주시고…… 주옵시되

한날 물거품이 될지언정

깊은 밤

깊은 잠의

꿈에서 깨어나게 하소서

오……

사랑하는 이여

자에 기도를

리더는 자신을 사랑하라

月氣 조명상

나를 위한
나 자신을 사랑하라
곧 많은 사랑이 그대를 방문할 것이다

열정을 가져라, 사랑이 담긴 열정을 말이다.
그러면 곧 할 수 있다는 용기가 생길 것이다
실패에서 자기만의 교훈을 얻어라
실패의 두려움에 시작을 망설이면 새로운 시작은 영원히 할 수 없다
진행중 오차와 시련은 극복의 지혜가 필요하고
반절의 저울에서 1%의 확률을 가지고 시작을 하라

새로운 것을 시작할 때는 희망스럼과 실패의 욕을 잠재하라
큰 계획과 부푼 꿈은 자만과 방심을 낳고
결과적으로 자신을 늪으로 안내하게 될 것이다

리더의 역량이란
열정과 용기만으로 사업이 성공한다는 사고를 버려라
배려와 사랑으로서 자기의 기능과 역량을 맞추어라
그리고 자연을 활용하라
우주공간의 에너지는 리더로 하여금 유한의 티겟을 줄 것이다

리더의 마음이란
사랑의 테두리 속에
진정하게 사랑을 할 줄 아는 사람이
참이 있는 리더라고 말할 것이다.

기다림(氣茶碄) 라이프

2009년 11월 30일 1판 1쇄 인 쇄
2009년 12월 3일 1판 1쇄 발 행

저　　자 | 조 명 상
펴 낸 이 | 박 정 태
펴 낸 곳 | **북 스 타**
등　　록 | 2006. 9. 8. 제 313-2006-000198호

주　　소 | 경기도 파주시 교하읍 문발리 500-8
파주출판정보단지 광문각빌딩 4층
전　　화 | 031-955-8787
팩　　스 | 031-955-3730
e-mail | kwangmk@unitel.co.kr
홈페이지 | www.kwangmoonkag.co.kr

• ISBN : 978-89-959637-9-1　　03040
• 값 : 10,000원